余典范 著

总部经济与上海产业转型升级的对接研究

格致出版社 上海人民出版社

前　言

上海的资源特点与城市功能决定了上海今后的产业发展必须坚持以价值链为导向的产业高端化发展思路，在重点产业与高端价值链环节中加以重点突破。而总部经济具有的集聚经济、高端经济、创新经济、集约经济、合作经济等特征符合中心城市产业转型与升级的内在要求，总部经济的直接效应与间接效应所产生与衍生的行业正是像上海这样的国际化大都市产业转型的方向。近年来，上海总部经济快速发展，总体发展能力处于国内领先水平，在产业链的完善、产业集聚区的发展、产业创新能力的提高等方面有效促进了产业转型和城市竞争力的提升。

尽管上海总部经济对上海产业的发展与转型具有较大的推动作用，但二者的融合发展还远远没有达到最佳状态。第一，上海总部经济的发展在内涵上与产业转型升级的步伐不协调。目前上海的企业总部主要在传统制造业布局较广，在先进制造业与服务业方面的企业总部发展还比较缓慢，这不仅与总部经济的发展趋势不一致，而且与上海的产业转型也不符。第二，上海总部经济的"根植性"较差、与产业的契合度不高。外资企业总部以及研发中心与上海本土企业的合作总体上并不紧密，二者的互动比较少。不论是在所从事的研发内容还是在组织形式上，外资研发中心与上海本土企业的交集都比较少，对产业的技术溢出效应还相当有限。特别是在高新技术的发展以及产业化等上海产业转型发展的重点方向上，外资企业在此方面的参与度与贡献度还比较少。第三，目前上海引进与发展的企业总部的级别较低，对全球价值链的整合能力较弱，而且这些总部往往是直接为母公司或者海外市场服务的，对上海产业资源的整合能力还有所欠缺。第四，本土总部企业的发展滞后限制了上海产业转型升级的空间与活力。从根本上来看，总部经济与产业的发展还有赖于本土总部企业的发展，这样的经济形态才有可持续性和较强的抗风险能力。上海应在发展跨国公司总部的同时积极培育本土总部企业的发展,特别是对需要灵活适应市场变化的新兴产业更应如此。我们应该特别关注和扶持那些在新兴产业中有成长潜力的企业,使其成为发展总部经济的生力军。

因此,本书认为总部经济的发展与产业的升级具有内在逻辑的一致性,如果单纯追求总部企业的落地,而不从产业发展的角度来统筹总部经济的发展,其对经济发展的效应将会大打折扣。因此,一方面上海应完善投资环境,吸引更多的总部企业入驻;另一方面上海应完善相关的工作机制,积极促进总部经济与上海产业发展的融合,不仅让企业总部落地,更重要的是推进总部经济在上海"生根",构建富有竞争力的总部经济与产业发展的生态系统。

具体来看,上海应在以下几方面继续完善与加强:

一是适应上海向高新技术产业、服务经济转型的目标,在企业总部的认定上采取更加灵活的标准,实施差异化的优惠政策,增强上海总部经济对优质服务企业的集聚。在当前高新技术产业、服务经济迅速发展的时期,总部企业的引进不能完全以注册资本以及投资额来衡量。在一些企业总部的认定上,需要改变以前一刀切的做法,从过去单纯以注册资金、销售额等规模性指标为标准,转化为以功能性指标为标准。同时,应将对跨国公司总部的优惠政策适当向国内优势企业总部扩散。把优势企业的认定权利进一步下放到区县政府,充分调动区县推动优势企业发展的积极性,适当放宽对服务型、管理型、经济型、研发型等企业总部的认定标准。做好主的关键生产要素资源的配置工作,形成发展企业总部经济的良好格局。对一些支柱产业以及代表产业发展方向的高新技术产业、现代服务业等的企业总部,由于其对上海产业结构的升级起着关键的作用,因而在其来上海后的若干年,要一直能对它们实施优惠的税收政策或者增加折旧费等各种优惠的政策,一方面奖励它们的贡献,另一方面也吸引它们继续投资。

二是加大力度吸引更高级别的总部企业,增强对产业资源的整合能力,充分带动上海产业价值链的升级,形成良好的总部经济生态体系。上海在发展总部经济的选择上应该做到有的放矢、集中资源,积极吸引总部经济中具有控制中枢功能的企业与组织。更为重要的是创新工作机制,积极促进总部经济与上海产业的互动发展,形成具有竞争力的经济生态体系。一方面,加强产业集聚区的网络建设,形成合理的产业协同网络。各区县应积极搭建总部企业与所在地相关企业合作的平台以及共性服务平台等,增加企业间的交流与合作,并且对总部企业与本土企业的合作给予一定的奖励;同时,通过各种有效形式加强本土企业与外资企业的技术交流,实现外资企业与内资企业的资源共享和优势互补。对于外资研发中心,采取相应的优惠政策鼓励其与本土企业、科研机构合作设立研究中心、培训中心、技术联盟等组织机构,积极支持本土企业成为高水平总部企业的供应商或服务商,提升总部经济的溢出效应。

三是创新政策体系与服务机制,降低总部企业的商务成本,构建总部—制造基地的合理布局。优势企业总部与一般企业的需求明显不同,一般的雷同优惠政策和税收优惠已经很难打动它们,上海希望优势企业能够落户本市或继续在本市发展,就需要根据各类优势企业的发展需求进行重点跟踪,并制定一些与之相应的具有一定灵活性的政策措施。同时,许多企业都有将总部与制造基地分离的诉求,然而制造基地和总部基地的分离,会给企业带来巨大的交流和协作成本。因此,在发展总部经济的过程中,一方面要加强产业的集聚和上下游的关联,另一方面要改善商务环境,降低企业的交易成本,即要从交通、物流、信息、政府效率、信用、合约执行、融资和税收等方面着手,降低企业的协调成本。建议成立全市总部经济推进领导小组,负责推进本市总部经济发展工作,通过建立稳定、长效的沟通服务机制,针对优势企业以及总部—制造功能分离的企业所需的各种关键性生产要素予以优先配置,尤其是在财税政策、办公用地(用房)、行业准入、人才引进及降低商务运营成本等方面予以重点支持,以更加优质的服务降低商务成本对企业的影响。同时,上海也应从长三角经济区的发展出发,加强长三角区域总部经济的统筹。上海在总部经济集聚区发展中要主动选择总部经济的高端,避免与浙江、江苏的中心城市形成同质竞争。对于一些与制造部门密切关联的行政型总部、研发型总部,要积极创造条件让其落户于周边城市,以形成区域经济发展的长远竞争力,进而推动上海城市综合服务功能的提升与影响力释放。

四是采取开放型、市场化的手段加快上海本土骨干企业的资源整合,促进内资总部经济的发展,为上海产业转型升级夯实基础。上海总部经济发展与产业转型升级的基础归根结底在于本土企业的发展壮大,因此,培育本土总部企业的成长是当前不可忽视的重要工作。基于此,上海有必要出台专门针对内资企业总部发展的政策文件,积极吸引与鼓励各种优势企业入驻,为产业的发展集聚更多的优势资源。同时,为了发展总部经济,在研发、营销和治理等高附加值环节的形成中需要长期的、大规模的投入,因此,上海一方面应加大对当地优势企业的投入,创造一切有利条件促进本土有潜力的总部企业发展壮大,采取开放型、市场化的方式加快骨干企业的资源整合,充分利用资本市场的功能,吸收体制外的优势企业积极参与,通过引进、培育,形成一批品牌优势企业,引领生产要素的集聚,逐步构建成熟的产业链条,增强在全球价值链中的定价能力,为总部经济的发展奠定基础;另一方面,上海应加大本土优势企业"走出去"的力度,争取更多优质资源,通过对其他地区企业的并购重组,获得总部经济发展所需的技术、人才、市场等要素。对于国内一些大型企业来说,总部迁移也往往意味着企业核心领导层长期居住地的改变,因而迁移目标地除了具备高效的商务环境外,是否具备适合企业高级管理人员个人、家庭居住的舒适生活环境,以及高水平的教育、医疗资源等,往往是企业总部选址决策的一个重要影响因素。上海应充分利用中心城区的优质中小学资源以及高水平的医疗资源,以此激发企业高管移居上海的意愿,对企业高管人员及其子女在劳动就业、信贷融资、财务税收、子女教育、社会保障等方面给予相应优惠政策,消除高素质人才的后顾之忧。

五是聚焦产业功能,优化上海总部经济集聚区的建设,增强总部经济的"根植性"。首先要明确发展重心,大力扶植与城市功能以及产业定位相适应的重点总部经济集聚区。上海总部经济的发展应围绕上海建设国际经济、金融、贸易、航运四个中心以及相对应的产业发展方向,立足全球视野,谋划总部经济集聚区的发展思路。国际金融中心的建设需要许多高端金融活动在上海集聚,需要金融类企业总部的进入,因此,陆家嘴金融贸易区应该是上海总部经济集聚区发展的重中之重。国际贸易中心的建设需要高度密集的现代服务业的支撑,包括陆家嘴特别是虹桥商务区在内的上海市中心区域的中央商务区(CBD)构成上海商贸服务业的主要载体。北外滩则兼具金融类企业总部与航运类企业总部集聚的优势,同时外高桥保税区的跨国公司营运中心也兼具上海国际贸易中心、国际航运中心两方面的功能。国际经济中心的建设相对而言是一个内涵丰富、外延模糊的发展目标,一般认为国际经济中心城市要同时具有较强的经济实力以及对外的经济辐射和产业服务功能,因此,那些能够集聚国际知名企业总部,并且控制管理、研发、营销等高端、核心职能的区域也应该是上海总部经济集聚区发展的重点,这些区域包括上海拥有的国家级经济技术开发区,以及一些新兴的生产性服务业发展基地。其次更为重要自由化的同时控制汇率的风险、降低其对金融体系的冲击更是关键的难题之一，上海自贸试验区区内与区外的"双轨制"更是增大了套利的风险。因此，应完善金融风险控制体系，在风险可控的前提下，在上海自贸试验区内就人民币资本项目可兑换、金融市场利率市场化、人民币跨境使用等方面进行创新实验，突出其为实体经济、总部企业服务的宗旨，避免为金融而金融。同时在上海自贸试验区内逐步放开离岸人民币金融业务，对区域内企业经常项目下的跨境人民币结算业务，可先允许办理，然后进行相关审核；区域内的企业在境外发行的人民币债券可以从境外拿到区域内使用，回流资金可在区域内银行开设一般存款账目；鼓励在区域内设立以人民币计价的大宗商品交易、结算平台及各种金融交易平台，同时向境外投资者开放。上海自贸试验区应在上述框架下实现金融创新为总部企业服务的目标，真正实现二者的有效对接。

目　录

第1章
绪　　论

上海经济在经历长时期的高增长后,经济发展和产业转型到了关键的路口。上海的产业发展中土地等资源瓶颈的约束日益突出,整个经济的增速已经率先步入了"新常态";重点产业中的核心技术创新能力和产业链聚合能力还相当薄弱,呈现产业结构高度化下的"低端化"倾向,即使在一些所谓的高技术行业,其附加值也比较低。同时上海肩负着加快实现"四个中心"、"四个率先"和建设社会主义国际化大都市、建设具有全球影响力的科技创新中心的国家战略重任,而且,"转型"亦是上海未来发展最重要的关键词之一。这些都对上海的产业转型提出了新的更高的要求。上海的资源特点与城市功能决定了上海今后的产业发展必须坚持以价值链为导向的产业高端化发展思路,在重点产业与高端价值链环节中加以重点突破,因而发展总部经济无疑是上海实现产业转型与升级的重要战略途径。从本质上来看,总部经济是城市拥有的特有资源优势吸引企业总部在城市的一定区域内集聚而形成高级商务集群,使得企业价值链与区域资源实现最优空间耦合而形成的一种经济形态。总部经济的性质决定了它必然要与大型中心城市共存共生。国内外经验表明,发展总部经济,有利于提升中心城市的集聚、辐射和综合服务功能;有利于集聚高端资源,推动产业结构升级;有利于增强城市综合竞争力,提高城市在国际产业分工中的地位。因此,总部经济具有的集聚经济、高端经济、创新经济、集约经济、合作经济等特征符合中心城市产业转型与升级的内在要求,总部经济的直接效应与间接效应所产生与衍生的行业正是像上海这样的国际化大都市产业转型的方向。著名的国际大都市纽约、东京和中国香港地区等无一不是通过发展总部经济来实现产业转型与升级的典范。

　　近年来,上海总部经济快速发展,总体发展能力处于国内领先水平,有效促进了经济发展方式的转变和城市竞争力的提升。目前,上海总部经济发展已经迈入"千时代",对上海经济的发展与转型具有较大的推动作用,但一直以来,上海总部经济的发展还属于注重数量的"粗放式"发展模式,而数量上的增长并未给上海的经济带来很大的推动。现在上海的总部企业绝大多数是行政性质的,资金运作不在其中,即其中有价值的环节并未在上海。而且,总部经济在引领上海产业的升级上也还未达到最佳的状况。上述问题的原因更多地体现在法律、行政管理体制等方面的硬性制约。不论是跨国公司总部还是内资企业总部,其在发展壮大的过程中与一般企业的诉求存在着一定的差异。除了一般的税收减免、土地优惠、进出口关税优惠等以外,总部企业在资金流动、投资领域、行政审批等方面的诉求越来越强烈。同时,上海的总部经济以跨国公司为主,国内总部企业的发展缓慢,对于国资、民资等国内总部企业,无论是政策措施还是重视程度都有待提高。而且,落户上海的总部企业主要集中于制造业,目前上海的企业总部主要分布在化工、机械、轻工、食品、医药等传统产业(这 6 个行业的企业总部数量占比在 70% 左右),在先进制造业与现代服务业上布局较少,这不仅与总部经济的发展趋势不一致,而且与上海产业转型的方向也不符。特别是上海缺乏整合全球价值链的大型本土跨国公司,无法在价值链高端建立对全球高端资源与高端环节的支配能力。基于此,本书紧扣上海的产业发展与转型战略,立足国内外优势企业总部的发展战略转型的需求,从理论与实证等方面分析了上海发展总部经济,促进产业转型升级的战略及相关的政策建议。

　　新形势下,上海发展总部经济和实现产业转型升级也有着特殊的改革开放背景,目前,中国(上海)自由贸易试验区(以下简称自贸试验区)的成立也为上海总部经济的发展和产业的转型升级提供了机遇。自贸试验区的成立,不仅仅是简单扩大对外开放的问题,其要义在于以"开放红利"实现上海经济的再升级,在打造"中国经济升级版"的过程中起到示范作用。而上海试点自由贸易区从很大程度上能促进上海、长三角地区乃至全国服务贸易的发展,吸引国际总部企业落沪,以此推动生产性服务业、消费性服务业的发展,引领上海产业的转型升级。自贸试验区在贸易、金融、投资准入等方面的改革将会对高端要素的积聚发挥重要的"虹吸效应",在理论上有利于上海总部经济的发展。但自贸试验区对上海总部经济发展和产业转型升级的影响机制究竟是怎样的,要实现这之间的对接需要突破哪些体制、机制,如何才能充分发挥其对上海总部经济发展和产业转型升级的引领作用等,都是现阶段亟须厘清的问题。本书也从上海总部经济发展的现状与诉求出发,讨论了自贸试验区的机制、政策创新对上海总部经济和产业转型升级的影响,并从完善对接机制的角度提出了相应的政策措施。

对于正处于转型驱动发展关键期的上海而言,经济增速率先步入"新常态"也给上海带来了较大的挑战,经济的增长速度换挡至中高速,经济增长的动力在产业上表现为服务驱动,创新驱动经济转型发展的特征初现。从产业要素的发展来看,上海的劳动力成本呈不可逆转的上升趋势,产业劳动生产率的提升难以覆盖劳动力成本的上升;从劳动力的技能结构来看,上海现在的人力资本储量显然还远远不够,还必须完善相应的人才培育、引进政策,扩大高素质人力资本的来源,提升人力资本的禀赋。另外,投资驱动上海经济的动力出现了疲态,投资效果有所下降,微观企业投资效益的优势在逐步丧失,高投资、高增长的模式难以为继;能源与环境对上海产业发展的约束依然较强;尽管上海的创新投入与产出都有了显著的进步,但消化吸收能力的低下导致引进技术的本土化发展较慢,高新技术的自主发展能力还亟须提高。这样的条件显然对于上海成为具有全球影响力的全球城市而言还远远不够。未来的全球城市是基于全球网络广泛交流联系,在全球资源的流动与配置中具有战略地位,在全球经济事务的协调与组织中扮演超越国家范围的关键角色,有重大影响力和作用力的主要节点城市。其最本质的特征在于对资源的控制能力和协调能力。在未来的经济分工越来越细化、以全球价值链为主导的分工体系中,在价值分配集中于价值链的关键环节以及向少数全球城市集聚的趋势下,高端研发、制造等具有高附加值的环节以及高端服务业所引领的新产业价值链,则是促进城市产业空间布局优化、环境友好、集群竞合、集约发展的动力系统,也是统领城市和区域空间重组的主导力量。这一全球资源流动与配置中的战略地位将更多地体现为城市对全球价值链的集聚与扩散功能,而总部经济的发展特别是上海本土总部经济的发展壮大是上海建设全球城市、实现创新转型的重要微观变量。

同时,总部经济成长的环境也发生了较大的变化,传统的总部企业往往在市场中经历了长时期的开疆扩土、发展壮大,需要经久的沉淀。在新技术革命和新产业业态日新月异的背景下,企业特别是总部企业的发展呈现了一些新的趋势,代表新技术、新商业模式方向的公司在成长为总部企业时呈现出了快速、资源整合力强、产业高度融合、重视商业模式创新以及企业组织结构扁平化、模块化、网络化和以市场需求变化为基点转变价值链策略等新的特征，这也是中国企业在未来做强做大的重要突破口。而在信息发达、互联网发展日新月异的今天，新的商业模式不断涌现，许多靠新型创新模式、新技术、新的资源整合方式发展起来的总部企业的成长周期更短，市场的影响力更大。这也需要我们顺应这一趋势，为这些新的总部企业的快速成长壮大提供必要的基础条件。因此，上海要实现产业转型升级以及要在全球形成具有影响力的产业体系，需要总部经济这一高端经济形态的支撑，而上海总部经济的能力提升也需要产业的转型升级来引领，可见，总部经济的发展与上海的产业转型升级二者是共融共生的统一体。

为了攀登世界创新高峰与价值链高端，上海产业必须实现产业创新链与价值链的融合发展，掌握产业升级的主动权，在全球创新链中占据主要的地位。特别是在新技术革命日新月异的未来，价值链的每一个环节都会被新的技术、智能制造、服务所渗透，而这些对创新的要求都较高，因此，如果不能从单纯嵌入全球价值链中实现价值链与创新链的融合发展，则上海的产业会很难实现升级，在国际上也无法获得较高的竞争位势。但在实践中，价值链和创新链并不存在先后次序的问题，二者一定是共生共荣的。传统上我们认为，价值链往往体现着不同产业环节中的价值分布，而创新链一般是指一项科技成果从创意的产生到研发、产业化的链状结构，主要揭示知识、技术在整个过程中的流动、转化和增值效应，也反映各创新主体在整个过程中的衔接、合作和价值传递关系。可见，价值链和创新链都有着产业这一共同的载体，均是产业价值实现、产业环节融合发展的体现，也都是要素优化组合、合理配置的过程。价值链升级后的高级形态即是逐步成为具有"创新环节全球分工、创新资源全球配置、创新能力全球协调、创新核心以我为主"等特征的全球创新链体系中的重要一员。但价值链与创新链的融合发展也需要一定的条件，其中最重要的就是要有一批具有全球影响力的本土跨国公司，这些跨国公司主导着全球价值链的资源配置，掌握着创新链的核心环节，对高端资源、创新活动都有着重要的集聚效应与影响力。在集聚跨国公司时，政府通过出台一些优惠政策往往能起到一定的效果，但要充分发挥跨国公司的扩散效应，特别是在培育本土跨国公司上，还得打好"市场"这场牌。一是以市场为导向，减少价值链环节的行政干扰，促进不同市场的融合,鼓励企业不断开拓新市场,提高企业联结新价值网络的能力;二是在培育本土的跨国机构方面,坚持开放型、市场化的原则,让企业利用市场化的力量发展,同时提供宽松的市场环境推进核心企业在创新链、价值链上的整合,直至逐步掌控价值链的主导权,并在此基础上增强对产业链的创新能力与控制能力。另一方面,我们也要注重专业化中小企业总部的培育,这不仅有助于完善对全球价值链具有管控功能的生态系统,而且还能发挥迂回的效果,催生具有竞争力与影响的总部企业的诞生,从而促进本土企业由嵌入全球价值链逐步过渡到引领产业价值链。

第 2 章
总部经济的基本理论及发展趋势

自 2000 年法国阿尔卡特公司第一个在中国建立地区总部后,作为经济发展的一种新模式,总部经济引起了各地政府的广泛关注。特别是在当前经济转型的大背景下,我国各主要城市都把发展总部经济作为促进产业结构升级、推动城市经济转型的重要途径。从本质上来看,发展总部经济的关键在于实现城市资源与总部企业诉求的良性对接。实际上,能够满足总部经济集聚区的区位要求的地域空间极为有限,只有那些各项高级职能密集、能够提供完备的基础设施而且国际化水平较高的中心城市或区域,才有可能成为企业总部落户并开展职能活动的总部经济集聚区。而上海优越的区位条件以及相对完备的市场经济体系无疑对跨国公司开拓亚洲市场以及国内大企业提升品牌、进行国际化具有很强的吸引力。而且,上海各个区县都有发展不同类型总部经济的实力与潜力,在一定程度上存在着形成具有一定层次结构的总部经济总体格局的可能。

2.1 总部经济的内涵与基本特征

20 世纪 80 年代,由于经济全球化与区域一体化的发展,发达国家和地区出现了总部经济现象。2000 年初,在法国阿尔卡特公司第一个在中国建立地区总部之后,总部经济在中国掀起了一股浪潮,被作为经济发展的一种新模式,引起了各地政府的广泛关注。全国各主要城市相继提出了要吸引大型企业总部、发展总部经济的口号,目前,除上海以外,北京、天津、广州、深圳、重庆、济南、南京、杭州、青岛等国内大中型城市都把发展总部经济作为促进产业结构升级、推动城市经济转型的重要途径,并相继出台了相关的政策。但总部经济形态在一个区域或城市的形成是一个长期的过程,除了区域或城市自身条件的完善以外,还必须遵循总部经济自身发展的规律,更为重要的是在这二者之间实现良性的对接。

2.1.1　总部经济的内涵

总部经济是在经济全球化和信息化的背景下,城市发展到一定阶段条件下的企业价值链分工的结果,是企业总部向中心城市集聚而对企业成长和城市发展产生多种效应的一种经济形态。总部经济具有知识性、集约性、延展性、辐射性、共赢性的特征。具体而言,总部经济是指某区域由于特有的资源优势吸引众多企业将总部在该区域集群布局,而将生产制造基地布局在具有比较优势的其他地区,致使企业价值链与区域资源实现最优空间耦合,由此对该区域经济发展产生重要影响的一种经济形态。总部经济是企业内部价值链基于区域比较优势原则在不同区域进行空间布局的表现形态,是企业不断寻求利润最大化和经营成本最小化的结果,在实践中,意味着区域之间可以形成以企业为基础的区域合作模式。一家企业可以将两个甚至更多区域的资源整合在一起,充分有效利用。对于发展总部经济的具体内涵,还存在着将其理解为企业总部的集聚的误区。事实上,总部经济不是普通的地产项目或者中央商务区,而是一个由总部基地和制造基地协同定位的产业生态群。这个产业生态群通过不同企业之间的互动和耦合来组织经济运行和改善配置效率。该产业生态群落的复杂性,可以兼容纵向与横向的分工关系、增加生产过程的迂回性和专业化;可以充分利用不同地区的禀赋优势,在更大的范围整合资源和集成要素;可以制定规则和协调价值链,孕育更高级的包括立法治理、司法治理和执法治理等方面的治理机制;可以培育共同的良性企业文化、社会资本和制度环境,成为创新和合作的开放型平台,总部经济的内涵主要包括以下几个方面。

(1)总部经济是集聚经济。首先,总部经济是各种经济社会要素的大聚合,类似于产业集聚,但又不局限于同一产业内部或是一条产业链上相互关联企业的集聚,将其外延拓展到了不同产业在同一区域的功能集聚;其次,总部经济的典型形式是企业总部在中心城市的高度集聚,如果区域内总部或总部派出机构集聚的数量不够多,就不会产生一种地域经济现象,也不会产生与总部经济相联系的外部规模经济;再次,总部经济不是一种低级的、杂乱无章的企业集聚,它所集聚的总部是一个大企业、大集团内部的融资中心、结算中心、研发中心、营运中心、公关中心等,并与企业的生产环节、物流环节等形成一个合理的空间布局。例如纽约的曼哈顿CBD,在曼哈顿的华尔街,长仅1.54公里,面积不足1平方公里,在该区域内,集中了几十家大银行、保险公司、交易所的总部以及上百家大公司总部和几十万就业人口,成为世界上就业密度最高和总部最集中的地区。

(2)总部经济是高端经济。产业高端、高端产业、企业高端的集聚是总部经济的内在的发展规律。产业高端指的是产业链条中价值增加幅度最大的环节,主要是研发和营销环节。高端产业主要是指资本密集、智力密集等高增加值产业。产业高端和高端产业又是通过企业高端联接在一起的,企业高端是企业的各种总部,包括决策总部、资本总部、研发总部、营销总部等种类。总部经济就表现为"三高"的有机结合和统一,缺一不可,作为一种经济形态的高级表现形式,总部经济在整个经济生态中居于价值链的高端。

(3)总部经济是创新型经济。总部经济模式下企业的集群化和多元化使得人才、资金、信息等创新要素在一定的空间内达到最高的集聚,有利于培育良好的产业环境和竞争氛围,促进创新主体之间的合作和交流,改变散点状和线形的创新模式为交叉的网络化模式,实现知识和技术的外溢,促使企业不断改进管理,推动制度、观念和文化的创新,从而促进技术的进一步创新。而且,总部企业的集聚会吸引产业链周边的配套企业集聚,并产生创新的连锁反应,推动创新的"螺旋式"发展。

(4)总部经济是集约型经济。总部经济具有空间布局集中、占地面积小以及单位面积税收贡献大等特点,与大量占用土地、消耗劳动力、破坏生态环境的粗放型经济增长方式有着本质的区别,是一种以科技为先导、信息畅通的集约型发展模式。既能减少传统制造业对土地等资源的占用,有效避开中心城市资源、环境承载能力弱等劣势,又能使中心城市的优势资源得到充分释放,形成经济发展数量的集聚和质量的飞跃,具有鲜明的绿色增长的特点。

(5)总部经济是合作型经济。总部经济以实现区域合作发展为出发点,以中心城市和周边地区之间在人才、信息、资本等战略资源和土地、劳动力等常规资源存在明显享赋差异和成本差异为前提,以总部和生产环节的空间分离为基本条件,寻求区域资源要素的最佳配置,倡导区域间由过去的产业合作、产品合作向功能合作拓展,实现区域共赢。

(6)总部经济是流量经济。流量经济是总部经济的显著的发展特征。企业总部在一个地区集聚,吸引区外的物资、资金、人才、技术和信息等资源要素集聚其中;并在该地区重组、整合和运作,进而带动各产业部门的发展;再以由此形成并倍增的经济能量向周边乃至更远的地区辐射。通过高效、有序和规范的流动,各要素实现其价值,并且通过循环不断的流动,要素流量的规模不断扩大,从而达到该地区经济规模不断扩大、经济持续发展的目标。

2.1.2　总部经济的类型

在区分总部经济的类型时,通常会涉及两个维度的划分,一是作为主体的企业总部的分类,二是作为载体的总部经济集聚区的分类,而各具特色的总部经济形态往往是这二者实现良性耦合的结果。

1. 企业总部的分类

企业总部按照不同的分类标准可划分为多种类型。目前比较公认的划分标准是按功能划分和按管辖的区域范围来划分。

按照功能划分,企业总部可以分为以下 4 种类型:

营销型总部:以市场营销为主要职能,主要进行营销的战略决策、营销资源配置、资本经营、市场业绩管理及外部公关等一系列活动,其主营业务高度集中于产业链中的销售环节。营销型总部本质上是品牌管理中心,依靠其独特的品牌营销策略,通过销售其公司的产品来满足全国乃至全球市场的需要。如联合利华、宝洁公司在中国的地区销售总部。

研发型总部:以技术研发和创新为主要职能,进行研发的战略决策、研发资源配置、研发业绩管理及外部资源协调等一系列活动。研发总部与其制造基地、后勤保障部门、战略伙伴、用户之间借助信息技术等保持紧密协同和合作关系,进行充分的、开放的信息沟通,以有效利用和控制外部的知识和技术资源,从而持续保持自身的竞争优势。研发中心是研发总部最常见的形式之一,通过不断开发新的产品和技术来满足全球市场的需要。这种总部类型在索尼、三星、联想、海尔等大型电子、通讯产品制造企业中较常见。

投资型总部:主要负责确定并实施企业集团的投融资方案,为子公司、分公司提供各种金融服务及投资银行服务,通过资本市场的运作使集团获得资本性收入。目前,这种类型的总部以各金融机构为主,汇丰银行、花旗银行等都属于此类,随着我国金融市场的逐步开放,将会涌现出更多的投资型总部。

行政型总部:以战略、市场研究与分析、财务管理、行政管理为主要职能,控制着企业的战略设计、资源配置、资本经营、业绩管理等活动,是保障企业正常运营的中枢神经。行政总部负责向其下属的商业机构提供集中共享的人力资源、法律、财会和信息系统等服务,还为下属商务管理团队及职能团队提供共享成果、交流经验、群策群力解决商业运作问题的重要平台。

根据总部管辖的区域范围,可以将总部划分为两种类型:

全球总部,往往是整个集团公司的经济枢纽部门,其功能是制定并实施公司发展战略。例如花旗集团位于纽约的总部,苹果设在加利福尼亚的总部,汇丰集团设在伦敦的总部,三星设在首尔的总部,中国工商银行设在北京的总部(总行)等,都是全球总部。它们共同的特点在于其集团公司全世界知名、实力雄厚、在全球设有多家分支机构,此类总部是为其集团公司管辖全球业务的唯一总部,拥有对分公司以及分支机构的绝对控制权,也是公司的控制中枢,对资源的协调、配置具有重要主导权。

地区总部,往往是有权控制或管理区域内的办事处、生产基地、子公司的运作或业务,具备总部一种或多种职能的企业权利单元。实际上,地区总部又往往被划分为多个层次,其中包括洲际级总部,例如汇丰集团设在香港的亚太总部、摩托罗拉设在北京的北亚总部、佳能设在北京的亚太总部、IBM设在上海的亚太总部等。它们共同的特点是:处于全球总部的直接领导下,管辖该公司在几个国家(地区)的业务,往往是支配企业分部和分支机构的直接指挥官。往下一级是国家级总部,例如微软、佳能设在北京的中国总部,柯达、阿尔卡特设在上海的中国总部,它们共同的特点是:管辖该公司在该国的业务。再下面一级是区域级总部,譬如在中国的华中地区总部、西北地区总部等,主要管辖该公司在该地区的业务。

2. 总部经济集聚区的分类

各种企业总部集聚在一起形成的总部基地又可以划分为不同的类型。虽然不同类型的总部经济集聚区之间存在一定的交叉,有些总部经济集聚区的特点并不十分鲜明,但是依据不同的分类标准仍然可以对总部经济聚集区进行不同的分类。

根据产业的构成,可将总部经济集聚区划分为混合产业总部经济集聚区和特色产业总部经济集聚区。混合产业总部经济集聚区的业态一般较为复杂,集聚区内普遍具有几个甚至更多的支柱行业,同时还拥有众多的配套行业,形成一个产业关联度较高的产业集群。这类总部经济集聚区在产业上具有多元性,地域上具有多核性,功能上具有综合性,是大城市中金融、贸易、信息等商务办公活动高度集中,并附有高档商业、文娱、服务等配套设施的综合经济活动的核心区域。其总部的类型较为齐全,包括行政、研发、营销等多种职能的企业总部。其现代服务业的发展在多元化产业的巨大需求下,也呈现出多样化和集群化发展的趋势。纽约曼哈顿即是这种类型的典型代表。特色产业总部经济集聚区一般是指以知识经济为基础衍生的某种业态的空间集聚和产业群簇,集聚区内一般只有一种占有绝对优势地位的主导产业,如金融业、研发设计业、物流业等,并围绕该主导产业形成特色较为鲜明的现代服务业的集群。这种类型的总部经济集聚区内的总部类型可以是单一的研发型、营销型总部等,也可以是融合了多种功能的综合性总部。

根据发展模式的不同,可将总部经济集聚区划分为市场主导型总部经济集聚区和政府引导型总部经济集聚区。市场主导型总部经济集聚区是指在开发建设中以市场力量为主导,这种集聚区在产业集群的形成中主要依托的是历史的因素和市场的选择,是需求推动型的发展模式。这种发展模式多是一些老牌总部经济集聚区的形成方式。市场主导型总部经济集聚区的典型代表之一就是中国香港的中环,中环 CBD 发展已有近百年的历史,19 世纪初,香港中环即是最早以商贸业务为主的发展地区,到 20 世纪 50 年代,中环区的早期建筑物渐渐被一些新落成的总部大楼所取代,如汇丰银行、中国银行、中区政府合署和立法局大楼等。20 世纪 80 年代初,香港经济从制造业为主转为以服务业为主,市场对办公写字楼的需求大增,在之后的二三十年中,中环地区逐渐发展成为贸易、银行业务、商业交易、专业行政和文化活动的核心,成为香港 CBD 的发源地,并最终形成典型的综合性总部经济集聚区。政府引导型总部经济集聚区是指集聚区的建设投资由政府主导,政府通过规划、投资、运营全面涉足集聚区的开发建设,引导集聚区适应城市经济社会发展的需要,其核心是供给拉动型的集聚区发展模式。在总部经济集聚区的发展过程中,尤其是市场主导型总部经济集聚区发展到后期,集聚区自身的发展与城市不相协调,公共设施供给渐渐滞后,周围环境也渐渐不适合人居,集聚区发展的拥挤成本渐渐超过了集聚的边际规模收益,使得许多中心城区出现了"逆城市化"现象,集聚区的经济效益、社会效益和生态效益的不和谐开始显现。政府的规划引导则较好地解决了这些问题。较为典型的政府引导型总部经济集聚区有巴黎的拉德芳斯和东京的新宿,这两个集聚区都是在中心城区发展到一定阶段,拥挤成本不断上升,逐步超过边际规模收益后,集聚区的负效应严重影响了总部经济的效应。在政府力量介入之前,巴黎和东京的市中心都面临"空心化"的局面。为了改善城市环境,降低中心城区的拥挤成本及其负效应,政府投入大量资金规划建设了全新的中心城区。这两大集聚区都在政府的规划引领下,适度超前地进行基础设施建设,并注重充分利用地下空间和立体空间,大力发展地下交通和楼宇经济。其中,东京都政府在规划、建设、运营等一系列环节全面介入,通过规划建成了贯穿新宿车站东西两侧商业区的"都会地下步道",地下商业空间面积达 11 万平方米,其中商业街近 7 000 米;而拉德芳斯则主要通过政府规划,大力引导新城区开发建设,一方面通过地下交通系统和区域快速铁路上下行隧道系统构建立体交通,另一方面通过城市风格的总体规划,使新旧城区的建筑风格衔接融合,使新城区的建设更加具有巴黎特色。

表 2.1　国内外典型总部经济集聚区的类别划分

总部经济集聚区	以产业构成划分		以发展模式划分	
	混合产业	特色产业	市场主导	政府引导
纽约曼哈顿	✓		✓	
巴黎拉德芳斯	✓			✓
伦敦金融城		✓	✓	
卢森堡金融区		✓		✓
东京新宿	✓			✓
香港中环	✓		✓	
法兰克福萨克森豪森	✓		✓	
北京 CBD	✓			✓
中关村海淀园		✓		✓
上海陆家嘴		✓		✓
广州珠江新城	✓			✓

资料来源:根据相关资料整理。

2.2　总部经济的形成机理与发展路径

一个国家和地区的城市为了吸引更多有实力的企业总部入驻,在政策上给予极大的扶持,并不断改善城市的整体功能,优化和完善配套的功能设施,促进了总部经济的发展。故从形式上看总部经济是由政府主导的经济。其实政府所起的作用从本质上看,只是进一步极化了区域之间的不平衡性,为公司和企业的总部与生产加工部门的空间分离创造条件。但从公司企业的内部看,总部和其他部门能否分离,分离后给企业带来哪些效应,是什么力量促使它们在空间上分离,却有着自身特殊的机理。

2.2.1　人才与知识资源的可流动性是总部经济形成的基础条件

在经济全球化的条件下,企业之间的竞争显得空前高涨,由于一般性生产要素在国际间的流动加快,知识、信息、技术及高尖端人才资源成为公司企业的战略性资源。其中人才是战略性资源的关键。由于城市具有在教育、就业、医疗等方面的优越性,人才向城市转移促使战略性资源向城市密集。而随着不同城市化的发展之间的不平衡,人才的流动则呈现出由发展程度较低的城市向发展水平较高的城市梯度演进。另一方面,企业的规模进一步扩大,内部功能逐步密集和分解,出现了各种职能中心,而地区之间的资源分布的差异使得企业通过脑力劳动和体力劳动分离以获取各种资源,以实现利益的最大化。因此,企业将内部的决策中心、控制中心、设计中心、研发中心等知识、信息和高尖人才密集的部门迁移到中心城市,而将加工生产基地分布在中心城市的外围或周边地区以获取丰富的常规资源,以谋求整个产业链的合理布局和资源利用效率的最大化,实现企业的竞争优势。

2.2.2　追求资源的优化配置是总部经济形成和发展的根本动力

企业是配置和利用资源的基本单位。更加有效地配置和利用资源以实现企业利益的最大化,是企业所追求的目标。现代企业运用市场法则来解决企业内部的协调和管理问题,克服企业因规模扩大而引发的协调困难的矛盾,促进了资源在企业内部的合理配置。企业通过进一步强化内部专业化的分工,来促进功能的集聚,并尽量减少各部门之间重叠的职能,以免造成资源的浪费。尤其是各部门所使用的知识、信息和人才等要素资源,因为其自身的稀缺性和可流动性,越发具备从各部门中独立出来的特点,为总部的剥离和迁移创造了组织条件。而为了更好地利用这些要素资源,必须将那些智力资源密集的重要部门安排在这些要素资源密集的区域,以增强要素的可选择性,降低企业战略资源的使用价格,优化资源的配置。

这些集中体现为企业对价值链的解析与重构。企业根据不同地区的资源状况设置不同的职能单元,以期获得最大的价值。按照价值链分工理论,企业(集团)将高级人力资本投入多的环节安排在战略资源密集的中心城市,将土地、能源、一般加工等资本投入多的环节,安排在常规资源密集的欠发达地区,就可以使总部企业和加工制造基地分别获取到各自所需的较低的资源成本,实现价值链各环节的最大增值。与此对应的则是企业将各种总部在全球有目的地进行布局形成"总部—制造基地"链条。

2.2.3 企业创新和功能集聚是总部经济形成和发展的催化力量

熊彼特的竞争优势理论认为,创新是企业不断发展壮大的力量源泉。企业扩张到一定规模之后,规模经济给企业带来的效益逐步回落,企业向市场所提供的产品或服务进入饱和阶段。此时,企业的组织创新和技术创新更显得十分必要。作为创新主体的企业家面临着两种挑战:其一是如何牢牢控制企业的关键人才和关键技术,保持和推动企业在技术上的创新;其二是如何紧紧盯住同行业发展的动向,保持和跟进本行业技术创新的步伐。鼓励本企业高端人才在关键技术领域参与同行业保持合作,以减少新技术应用的成本。由于人才和知识资源的流动呈非均衡性,当少数企业总部迁移到有条件的中心城市后,其他企业也将决策中心和研发中心追随而入,这是企业基于战略需要而采取的跟进措施,从而推动了总部经济的快速发展。

作为一种高端的城市经济,总部经济一方面是世界领先城市发展实践的总结,另一方面代表了城市经济的发展方向。当今世界的先进城市(地区),无不经历了从生产到服务、第二产业到第三产业、"制造基地"到"总部基地"的重大经济转型。多家世界 500 强企业的总部驻扎纽约,奠定了纽约的世界总部经济中心地位;6 000 多家跨国公司的区域总部定居新加坡,成就了世人瞩目的新加坡经济;4 000 多家企业的总部云集中国香港,大大提高了香港有限资源的产出效率。

2.3　总部经济的效应

大型企业总部具有投资、销售、研发、资金管理、人力资源管理等多种功能,对所在地经济具有较强的辐射作用,不仅仅是经济规模总量上的贡献,而且凭借其强大的带动效应能为当地经济贡献全方位的资源。一般认为企业总部可以通过税收贡献、产业带动、人才集聚和创新等效应促进所在地经济的发展。

第一,是税收贡献效应。这主要包括两个方面:一是企业的税收贡献,如增值税、所得税、营业税以及城建税、教育附加税等;二是企业总部员工的个人税收贡献。外商投资性公司、跨国公司地区总部大多是其所在区的纳税大户,税收贡献尽管不一定是当地最看重的,但却是最直接的贡献。由于总部经济的投资、生产、销售的规模较大,其贡献的税收总体规模也较为显著。

第二,是产业带动效应。大型企业总部也是产业升级的支撑,产业升级的内因在于技术进步,而大型企业拥有大量技术人员,科研开发能力强,是推动产业技术进步和科研成果转化的主体,因而是产业内技术进步的策源地。大型企业的技术创新和产业化活动把产业结构日益推向更高层次。此外,总部经济的发展与服务业密不可分,公司总部的集聚,产生了大量的专业服务方面的需求,特别是在服务业越来越开放的政策环境下,能够极大地推动信息服务、金融服务、专业中介服务、会展、物流等现代服务业吸引外资的发展。统计表明,每个制造业跨国公司总部的落户,都会带动几个,甚至是十几个与其有紧密业务关联的知识型服务公司的投资。跨国公司地区总部的发展对促进当地外汇资金管理改革,推动金融市场的创新起到明显的作用,跨国公司地区总部的发展还对促进当地物流业的发展及物流运作模式的创新起到了明显的作用。一些著名的跨国公司总部往往是当地产业最好的名片,也是区域产业转型升级的主要推动力量。

第三,是人才集聚效应。大量总部企业的集聚,可以吸引更多的优秀人才向所在地集中,构建人才高地,总部对高端人才的需求和吸引都比较大,总部企业吸引人才主要有以下途径:一是能够吸引、集聚本地的优秀人才;二是吸引其他城市的高端人才;三是吸引海外留学人员;四是引进外籍高端人才。从这一方面来看,总部经济发达的地区往往也是人才集聚的高地。

第四,是创新效应。地区总部的重要功能之一是为所辖区域内的其他企业提供技术支持和服务。近年来,跨国公司地区总部与研发中心共生的趋势明显,地区总部成为促进技术进步的重要主体。与中小型企业相比,大型企业具有明显的规模经济优势,庞大的经济实力、良好的管理机制吸引着产业内各种优秀人才的加入,使得企业拥有了雄厚的技术实力、极强的研发能力,从而增强了可持续发展能力。这些企业能够承担起对产业发展具有重大带动作用的资金数额大、技术含量高、建设周期长的项目的建设,实现创新发展。总部企业往往是创新的发动者,通过集聚相应的创新资源,推动创新的可持续发展。

2.4 总部经济的发展趋势

作为总部经济的主体,大型企业特别是一些跨国公司的发展引领着总部经济的发展趋势。近年来,跨国公司地区总部呈现出一些新的发展趋势,主要表现为跨国公司区域总部由设立一个大区域总部向设立多个中小区域总部方向发展,并且总体规模不断扩大,服务业地区总部比重不断增加,随着制造业的发展壮大,科技研发总部逐渐增多,在区域分布上更加注重目标的细化,并且区域经济的管理总部体系逐步形成。与此同时,我国内资企业也处于战略转型的加速阶段,企业总部有进一步向中心城市集聚的趋势。

2.4.1　跨国公司地区总部的总体规模将不断扩大

随着跨国公司的数量和规模不断扩大,跨国公司地区总部的总体规模也不断扩大。在美、日、欧等传统跨国公司优势国家不断设立地区总部的同时,韩国、中国香港、中国台湾、新加坡等新兴工业化国家和地区也加入到地区总部的来源国(地区)行列,纷纷在彼此国家(地区)设立由子公司或分公司融合形成的跨国公司地区总部,以不断实现市场扩张、降低成本和提高竞争能力。近年来越来越多的跨国公司地区进入中国就是总体规模扩大的一个客观表现。与此同时,我国对外直接投资额逐年增加,据商务部统计,2014 年全年,我国境内投资者共对全球 156 个国家和地区的 6 128 家境外企业进行了直接投资,累计实现非金融类对外直接投资6 320.5亿元人民币。截至 2014 年底,我国累计非金融类对外直接投资 3.97 万亿元人民币(折合 6 463 亿美元)。我国正在成为对外投资大国。我国的大型企业集团也正在兴起,以地区总部的组织形式加入越来越激烈的竞争之中,例如海尔、联想、华为等公司,类似中国这样的发展中国家的加入也促进了地区总部总体规模的扩大。

2.4.2　跨国公司设立海外总部呈现多中心化的趋势

由于经营范围扩大到全球各个市场,同时随着产品技术更新的加快,过去单纯的纵向结构已经不能提供足够的灵活性来应对全球各个地点经营条件的迅速变化。传统上,随着跨国公司海外业务的发展,为了控制与协调海外众多业务单位,就会在各大洲设立管理总部来统一管理该辖区内的业务,一般按亚洲、欧洲和美洲等地区设立管理总部。但近来跨国公司设立海外总部有一种多中心化的趋势,就是在各主要国家分别设立地区总部,而且地区总部的形式也日趋多元化,不仅有传统意义上的管理总部,而且有越来越多的营销总部、采购总部、研发总部和生产总部。这种多中心、多结点的网络管理模式有利于跨国公司对全球范围内经营环境的变化作出更迅速的反应,更有效地利用全球资源。对于跨国公司而言,分布在全球市场的这些结点的重要性在上升,公司总部所在国市场的重要性则相对下降。而且许多跨国公司总部已经开始以上海为起点辐射全球,譬如,驻沪跨国公司研发中心从研发本土化向研发全球化发展,甚至出现"反向创新"。为贴近市场、增强反馈速度和提高研发效率,通用电气、杜邦、联合利华、德尔福等许多大型跨国公司正纷纷在上海设立全球性研发中心。通用电气、德尔福甚至出现了高端产品研发的"反向创新"模式,即通过上海的研发中心率先研发出高端新产品,尔后再销往母国及其他发达国家市场。

2.4.3 跨国公司地区总部向亚太地区集聚,在区位分布上更加注重目标的细化

20世纪90年代以来,亚太地区总部正式取代欧洲地区总部而进入了亚太地区总部时期。跨国公司地区总部向亚太地区转移主要原因是东亚经济的崛起,而中国经济的快速发展将吸引更多的跨国公司地区总部进入中国,进一步细分中国巨大的国内市场。从而在香港、上海、北京等主要中心城市(地区)形成不同定位、不同职能、不同区域的跨国公司地区总部。首先,香港在一定时期内将继续保持优势地位。香港的主要定位仍是吸引跨国公司的亚太总部和大中华区总部,是亚太地区的国际金融中心,在世界金融中心排名中位列第三位,依托珠三角地区及内地的广大市场,可以吸引更多的跨国公司(含中国的跨国公司)来设立地区总部。其次,上海在吸引跨国公司地区总部方面将快速发展。与香港定位亚太地区不同,上海主要以辐射长三角和中国市场为主,与香港优势互补、相互促进。近年来随着中国经济的高速发展,入驻上海的跨国公司地区总部越来越多,其中尤其以销售中心、采购中心等面向市场类的地区总部居多,以制造业、金融业和商业等传统产业为主。最后,北京也成为吸引跨国公司地区总部的新热点。北京作为中国的首都,具有其他城市不可比拟的政治优势、文化优势和科技优势,尤其在成功举办北京奥运会之后,成为了跨国公司地区总部进入中国的首选之地。与香港以及上海不同,入驻北京的跨国公司地区总部主要考虑更方便地与中国政府沟通,以及开发中国华北和东北亚市场,并且这些公司大多是通信类和IT产业类的跨国公司。

2.4.4 服务业地区总部的比重将逐渐增加

从产业分布来看,从最早完全是制造业的地区总部类型,到后来服务业的地区

总部的出现,直到现在服务业的地区总部类型不断增加,相关的银行、证券、保险、会计等现代服务业地区总部比重逐渐增加。外商直接投资(FDI)正迅速向服务业转移,服务业占所有直接投资流入总量的将继续呈现上升趋势。这主要是因为许多从事商品出口的大型企业均在国外投资建立相应的服务设施,发展仓储业、零售业、运输业、银行保险业等。同时,当服务业直接投资增加到母公司进行直接管理的成本过高,以及应对外部竞争不得不需要进行组织结构变革的时候,服务业地区总部自然会像制造业地区总部一样兴起,并且所占的比重将逐渐增加。

2.4.5　地区总部的控股公司职能越来越受重视

跨国公司的一个重要发展趋势是大型化,而实现大型化管理的一个简便易行的方式就是通过设立地区总部进行控股式投资,这种方式一方面相对于独资方式更容易被东道国所接受;另一方面,也更容易实现跨国公司的本土化经营。随着投资项目的迅速增加,跨国公司对于投资项目的管理变得越来越复杂,许多跨国公司面临如何整合各项资源,从而协调各个经营机构作为一个整体参与竞争,以及如何通过若干运营中心开展各项业务等一系列问题。鉴于外商投资性公司和地区总部具有控股公司的一些功能,许多跨国公司往往通过外商投资性公司或地区总部来整合在华的各个经营机构以及各种资源,形成事实上的企业集团:通过地区总部的控股公司职能,把已经投资的若干企业联合起来,设立一个协调、管理中心;由集团公司负责制订这几个企业的发展战略,为这几个企业提供技术、生产、人力资源、销售等方面的服务,通过集团化增强跨国公司的竞争力。

2.4.6　我国优势企业总部向中心城市集聚,总部经济呈加速发展态势

实际上,伴随着跨国公司迅速进入中国形成的"总部经济"环境,我国本土企业也在进行同样的进程。随着国内优势企业的发展壮大,其战略转型的意愿越来越强烈,为了获取更大的发展空间与更好的发展平台,从 20 世纪 90 年代后期以来,国内大型企业集团出现"迁移总部"浪潮,纷纷向北京、上海、天津和杭州等一批中心城市或者省会城市迁移。从城市分布看,有大约 20% 的中国 500 强企业总部位

于北京,50％的中国 500 强企业总部集中在北京、上海、广州、深圳、南京、杭州、天津、成都、青岛和武汉这 10 个城市,并且有进一步集聚的趋势。特别地,随着中国经济的进一步发展壮大,将会有更多新型的企业总部产生,与传统总部企业的发展路径不同的是,借助电子信息等手段,新型企业总部涌现的速度更快,成长的时间也更短,这也对地方政府的治理环境提出了更高的要求,必须为企业的发展创造更为宽松、自由的环境才能促进总部经济的良性发展。

2.4.7　新型总部企业成长周期愈来愈短

融合新技术、新模式的总部企业不断涌现,如在电子商务、新的互联网领域出现了众多的领袖企业。为了应对个性化消费、定制化消费的发展,跨国公司在组织结构上也出现了扁平化、模块化、网络化、以市场需求变化为基点转变价值链策略等新的特征。这就需要本土跨国公司在发展战略、公司治理、国际化经营能力等方面转型升级,也需要社会中介、金融服务等强大服务机构的支撑,更需要我们政府的简政放权,为本土跨国公司特别是新兴跨国公司的培育创造更为宽松的环境,在体制机制的创新上为本土跨国公司的国际化提供更大的支持。除了传统的规模较大的跨国公司以外,由于全球化以及信息技术、网络技术的发展,出现了一大批专注某个领域、具有较强竞争力的"小微型跨国公司",譬如一些电子商务公司,这些企业尽管规模不大,但却具有较强的竞争力。可见,主导总部经济的不仅仅是传统意义上的规模较大的跨国公司,诸多在新兴领域、专业化程度较高的"小微型跨国公司总部"也将发挥重要的作用,因此,构建包括"大而强和小而精"的总部经济的生态系统是未来总部经济发展的重要趋势。

2.5　上海发展总部经济面临的机遇和挑战

自上海市于 2002 年正式提出鼓励跨国公司设立地区总部的规定以来,一直把发展总部经济作为建设"四个中心"和优化产业结构的一项战略举措。十多年来,上海市推出了一系列优化总部运营环境的试点措施,并发挥自身区位、品牌效应、商业环境、人力资源、产业配套、人居环境和政府服务等方面的集成优势,吸引了众多跨国公司地区总部入驻。总部经济为上海带来了人才、资金、管理、信息、技术的枢纽作用,提升了上海的城市形象和功能,为经济发展提供了巨大的动力。在未来一段时期内,上海总部经济的发展将迎来历史性的发展机遇:一是随着中国经济的发展与市场的扩大,越来越多的跨国公司进入中国进行投资,而上海独特的经济优势与区位优势无疑将成为跨国公司设立地区总部的"桥头堡";二是上海建设"四个中心"的国家战略将会为总部经济的发展带来更大的集聚效应;三是世博会也给上海的总部经济提供了一个良好的契机;四是内资企业总部处于加速转型期,而上海作为中国经济的龙头城市,无疑对其有着巨大吸引力。而正在实施的中国(上海)自由贸易试验区战略无疑又为上海总部经济发展提供了广阔的想象空间。

2.5.1　上海发展总部经济的机遇

1. 跨国公司投资战略的转移与转型为上海总部经济带来了难得的发展机遇

目前,上海正面临作为跨国公司地区总部集聚区难得的机遇及有利条件。首先,中国尤其是上海已成为跨国公司投资热点地区,特别是金融危机发生后,跨国公司更是加快了在中国的投资。我们前期的调研也发现:跨国公司在中国的业务比较稳定,但在美国和欧洲的业务受到较大冲击,因此,母公司在调整原有投资计划,将原计划用于欧美市场的部分投资转移到中国,中国成为各跨国公司海外发展的中心。无论是寻求市场型投资还是寻求效率型投资,中国尤其是上海是跨国公司目前加快投资的热点。一般而言,决定跨国公司在海外设立地区总部的关键因素之一是接近业务与市场。因此,随着跨国公司投资力度加大,上海必将成为跨国公司海外地区总部的候选地。

其次,在华跨国公司已加快其业务与结构的重组。跨国公司在海外地区的扩张过程一般分为三个阶段。第一阶段是探索投资阶段。跨国公司寻求并开发利用当地的投资机会,这时投资往往是零星的、工厂型的,这个阶段不会设立地区总部。第二阶段是战略投资阶段。这时跨国公司投资已出于战略考虑进行投资、布点,相对而言投资更具系统化、多样性。该阶段开始采用地区总部来统一管理各类业务。

第三阶段是全球组合平衡阶段。这时跨国公司已从全球战略考虑,来规划重组遍布各国各地的业务,以增加协调与管理。这时,设立各种类型的地区总部成为必然的选择。从上述三阶段的划分中可以看出,在第一阶段主要是 FDI,在第二、三阶段开始出现地区总部。也就是说,地区总部的出现大多是 FDI 充分发展后的结果。而目前跨国公司已经比较熟悉中国的市场环境,近年来纷纷在华设立地区总部,或从海外大举迁移地区总部到中国。

从运作的商业环境来看,决定跨国公司设立地区总部的影响因素有四个:一是地理位置,跨地区总部通常设立在较大地区的中心位置。二是便利的交通与基础设施。三是成本因素,接近业务与市场。从这个因素来考虑,上海已完全具备跨国公司设立地区总部的条件。第四,周边地区密集的生产制造中心。邻近上海的江苏、浙江两省,已成为跨国公司的生产制造中心。因此,上海周边地区密集的生产制造中心,以及上海自身拥有的发达的服务业和智力密集资源,使得上海成为跨国公司设立地区总部的最佳选择。

2. 上海"四个中心"的建设为总部经济的集聚提供了很好的催化作用

把上海建设成"国际经济中心"、"国际金融中心"、"国际贸易中心"、"国际航运中心"已经成为国家战略。加快"四个中心"建设将会带动资金流、信息流、物流与人才的集聚与流通,这些要素正是总部经济发展的重要依托,纵观国际上发展总部经济比较成功的城市,无一不是在此方面具有独特的优势。这为提高目前上海总部经济发展的层级,打造现代服务业与先进制造业共存互动的总部经济形态,进而形成总部经济区域集聚发展提供了重要的平台。同时,总部经济的发展也是上海产业转型和推进"四个中心"建设的重要抓手,二者互相推动,形成良性发展格局。

3. 世博会为上海总部经济的发展提供了良好的契机

世博会给上海提供了一个展示自己、融入世界的千载难逢的机会。世博会区域将会成为中国与外部经济、文化交流的平台和中心。除文化、交流方面的便利外,世博场馆周边的生活、办公配套和交通网络已经相当完善,非常适合国内大企业以及跨国公司的入驻。同时,世博会以会展经济为龙头,带动金融、专业服务业等现代服务业的发展,将会为总部经济集聚创造良好的条件。而且,目前已经吸引了不少央企总部布局于此,今后必将成为上海新的总部企业集聚带。

4. 上海的综合优势对国内优势企业总部的发展与培育有着巨大的吸引力

随着国有企业改革的深入和民营经济的蓬勃发展,国资、民资等优势企业的各类总部(包括各种职能型总部)将成为总部经济发展的重要力量。同时,随着我国经济结构调整的深入,这类优势企业也在加速实施战略转型,而上海的综合优势将是这些企业的首选。上海具备了法制健全、管理规范、运行高效等良好的经济发展环境,企业规模扩大后,将总部设立在上海,对自身的拓展以及二次创业十分有利。外地企业,如美特斯邦威、均瑶等,都是在上海二次创业,获得了飞跃式的发展。从我国优势企业整体的发展趋势来看,国资国企作为扩张的主要力量在今后几年将会进一步强化,但从运作的思路和方式来看,开放型市场化的运作方式将是主流,因此,这也给了上海发展国内企业总部一个很好的思路,即除了直接将优势企业整体"搬过来"以外,我们更多地可以借助上海优势企业的相对完善的重组平台,吸引外部的优势企业来参与重组,逐步形成健康的总部经济发展格局。

5. 自贸试验区为上海总部经济的发展创造了良好的条件

上海自贸试验区是顺应全球经贸发展新趋势,更加积极主动对外开放的重大举措。在自贸试验区的框架内上海将积极推动建设具有国际水准的投资贸易便利、监管高效便捷、法制环境规范的自由贸易试验区,使之成为推进改革和提高开放型经济水平的"试验田",拓展经济增长的新空间,打造中国经济"升级版"。其中,上海自贸试验区特别鼓励总部企业的发展。2013 年 3 月,国务院总理李克强前往江苏、上海考察时就强调,要吸引更多的跨国公司地区总部、运营中心来华落户,推进新一轮对外开放。而上海自贸试验区在制度安排、外汇管制、税制改革等方面的改进将大大增强其对跨国公司总部的吸引力,是吸引跨国公司总部的重大机遇。这主要体现在以下几方面。

一是自贸试验区在金融方面的创新将会吸引更多的总部企业集聚,这在很大程度上将改变跨国公司亚太区总部的布局。上海的总部企业中,很多企业在新加坡或中国香港均设有亚太区总部,其中部分企业的亚太区总部又扮演中国区总部的投资控股方的角色。而不少跨国公司由于其中国业务在亚太甚至全球的业务中占据越来越大的比重,非常希望把目前设立在上海的地区总部升级为亚太区总部,但由于外汇管制等问题所限,管理层预计升级后无法良好地发挥其资金管理职能,所以只能在新加坡或中国香港另行设立一个总部以实现上述职能。上海自贸试验区成立后，如果在外汇管制上有实质性的放松，甚至实现人民币在资本项目下的自由兑换，我们则可以预测，会有越来越多的亚太区总部从中国香港和新加坡迁移到自贸试验区，从而很大程度上改变当前跨国公司的亚太区总部布局。

二是自贸试验区的建设将提升上海跨国公司总部的能级，目前上海的跨国公司总部绝大多数为管理型总部，功能受到很大局限，原因是上海总部经济制度性支持面还有很多差距，比如法治环境、税制环境以及人才，等等方面。自贸试验区的制度安排包括人民币资本项目下的自由兑换、与国际接轨的税收制度等，使得更多的跨国公司总部在自贸试验区内就能够实现全球的资金管理和结算中心等功能，使更多的跨国公司总部可以更大范围、更高水平地发挥配置亚太地区资源或者全球资源的能力，将管理型总部提升为能级更高的投资型或综合型总部。

三是将扩大跨国公司总部的投资范围。自贸试验区将采取"负面清单"管理模式。在内将试行准入前国民待遇，改革外商投资管理模式。对"负面清单"之外的领域，按照内外一致的原则，将外商投资项目由核准制改为备案制（国务院规定对国内投资项目保留核准的除外），不论投资规模，一律由上海市负责办理。同时，取消外商投资企业合同章程审批，改为备案管理，备案后按国家有关规定办理相关手续；工商登记与商事登记制度改革相衔接，逐步优化登记流程。我们可以预测，在负面清单制度下，自贸试验区将会成为诸多新型业态的理想投资地，包括电子商务、融资租赁、高端维修、大宗商品交易、离岸贸易等业务将会有很大的投资和发展空间。

四是自贸试验区建设将促进上海总部经济产业结构的升级。在我国面临较大经济下行压力，传统比较优势产业遭遇新挑战的时刻，上海自贸试验区的建设将探索深化改革的道路与产业升级的路径，以实现经济结构转型；同时也进一步融入到全球贸易活动中去，为加入 TPP 或其他自由贸易协定做准备。在总部产业结构升级上，一是从货物贸易产业到服务贸易产业的升级，上海自由贸易试验区的建设对于发展服务贸易有重大的推进作用，负面清单管理制度将开发外国服务业企业进入自贸试验区，上海总部经济中将会有越来越多的服务性企业总部进入如法律、会计和融资租赁等行业领域。二是整体产业结构中金融产业比重进一步上升，将有更多的金融行业总部落户自贸试验区。自贸试验区的人民币自由兑换，放开资本管制等预期措施将会对于跨国金融机构包括银行、证券、保险等产生巨大的吸引力,在自贸试验区开设分支机构,比如在自贸试验区设立外资独资的金融机构和证券保险公司等。

上海自贸试验区必会对上海总部经济的发展产生影响,随着上海自贸试验区的运营,区内的金融开放、投资体制改革破题在即,跨国公司地区总部也将突破审批、外汇、税收等多种掣肘,在更大范围、更高水平上配置亚太地区乃至全球的资源。这既为上海总部经济的发展带来机遇,也带来了一定挑战。

2.5.2 上海发展总部经济面临的挑战

尽管上海面临各种发展的机遇与有利条件,但事实上在发展总部经济的过程中,上海也面临着来自内外部的巨大的挑战。一方面,上海经济正处于转型的关键期,这一时期,企业总部会有所"进出",如何在经济转型中实现总部经济的升级对上海本身来说是一个巨大的挑战。另外,上海在发展总部经济的过程中还面临着国内外城市的激烈竞争。

1. 面临来自国内外城市的竞争压力

当前,对于上海来说,既有传统的实力强大的海内外竞争者如中国香港、新加坡,又有新崛起的国内竞争者如北京、深圳等。海内外竞争者中国香港、新加坡的优势是明显的,不仅具有作为地区总部集聚地的声誉,而且商务环境特别是金融环境、法律环境优势及创业精神非常明显。国内竞争者北京具有政府优势,深圳具有政策灵活的优势。因此,上海面临这些竞争者的挑战是巨大的。虽然在国内上海吸引企业总部方面存在一定的优势,但随着更多的城市加入争夺企业总部的行列,上海的优势开始变得不那么明显了,尤其相比一些其他国际都市还有一定差距。实际上,这几年已经有部分大中型企业将总部从上海迁出。上海如何抓住历史机遇,做好战略定位,与兄弟城市错位竞争、合作发展,是发展国际总部经济必须面对的问题。

同时,和国际上成熟的大城市相比,上海也尚未发挥出所有潜力。以伦敦、纽约、东京三个世界级的大城市为例,早在20世纪八九十年代,它们拥有的外资银行数量就分别达到479家、356家和100家以上,在世界最大的100家银行中它们拥有的银行就占了金融资产的49.3%、资本的60%、盈利的63%;它们分别拥有政府间国际性组织、非政府机构 495 家、232 家和 65 家;另外,它们还分别拥有跨国公司 59 家、37 家、34 家,以及数以千计的科技研发中心和一批世界著名大学。而新加坡、悉尼、洛杉矶、首尔等城市在总部企业的数量上也远远超过上海,新加坡拥有的国际机构及企业总部就达 9 000 多家。比照这些数据,上海的差距还是比较大的。同时在吸引与催生总部经济方面,即城市的软硬件设施上,上海也存在很多不及之处。即使与同一层次的城市相比,上海也并不具备绝对的优势。在Taylor 等(2000)等人对环太平洋地区的世界城市分类中,上海被划分在第三层次,和上海处于同一层次的有雅加达、墨尔本、大阪、中国台北、曼谷、吉隆坡等。这些城市都形成了各具特色的总部经济集聚区,如大阪吸引了日本国内的世界500 强企业设立总部,墨尔本成为澳洲(即澳大利亚)的文化创意产业基地,曼谷的农产品以及珠宝钻石交易中心地位在南亚逐渐显现,吉隆坡吸引了大量的东亚中小企业总部。

2. 如何实现经济转型与总部经济的良性对接是上海面临的重要挑战

上海目前正处于艰难的转型期,上海经济已经进入从工业化后期向后工业化早期转化的时期,产业发展进入了新型产业体系构建阶段。经济发展客观上需要上海往产业的高端迈进,发展现代服务业与先进制造业。在此背景下,上海在发展总部经济的过程中,必须考虑产业发展的战略,实现二者的良性对接。不过,由于总部经济的发展对制度环境的要求较高,总部经济集聚区必须具备良好、高效的法律制度环境,具有多元的文化氛围,因而上海要发展总部经济,除了城市建设等硬件要达到较高标准外,更重要的是在城市管理、文化氛围等软件方面具备良好的素质。上海要发展总部经济必须具备适应现代化城市管理的制度,城市决策层要努力营造一流的投资发展环境,使城市的综合营运成本最佳,并不断提高政府的服务效率,增加政府的透明度,法律法规要与国际通行规则接轨,为投资商创造良好的法律环境。尽管上海在投资环境、金融、物流等方面已日趋完善,但是,由于上海还无法像中国香港、新加坡那样实现生产要素(主要是资本)在国际范围内的自由流动,也不具备像中国香港、新加坡那样浓郁的企业精神与大量的企业家。此外,上海由于历史与现实的原因,政府与国有企业的力量过于强大,民营企业的力量过于弱小,凸显出上海创业精神与商务环境的不足。这些都将对上海发展总部经济构成巨大的挑战。

3. 如何把握企业总部区位偏好的动态变化也是上海面临的挑战之一

区位偏好的变化日益成为城市发展总部经济的一个制约因素。在不同的发展阶段,企业总部也会呈现出不同的倾向,而且这种现象往往具有一种连锁效应,在区域上呈现"集聚—扩散—集聚"的特征。有的城市只是一种简单的由集聚到扩散的单一路径,成功的城市往往都会呈现企业总部集聚的良性循环。在纽约、东京等成熟的国际化城市,原来驻扎的大量企业总部都曾出现扩散或者外迁的趋势。比较典型的是美国纽约,在 20 世纪 60 年代末,全美 500 家最大企业中 136 家将总部设在纽约,到了 70 年代后期,这一数字锐减,使得纽约的总部经济发展态势大大削弱。后来通过纽约市政府的积极政策引导,使得很多原来迁出的企业又回到了纽约,并且又吸引了很多新兴产业的企业总部入驻。这种现象也应引起高度的重视,如何将企业总部留住应该成为未来总部经济发展的主要方向之一,对上海来说也是一种挑战。

4. 制度上的诸多障碍是上海提升总部经济能级的重要挑战

如果跨国公司将更高能级的大中华区总部、亚太总部以及功能性中心设在上海,通常需要通过三种途径:迁移、升级和新设。迁移是指跨国公司将已有的在新加坡、中国香港、东京等地的亚太总部迁移至上海;升级是指将现有的上海地区总部升级为更高级别的总部;新设是指在跨国公司新设一个原本没有的比较高级别的公司总部。上海要实现更高能级总部的集聚,跨国公司亚太总部的迁移和升级是主要的途径。一般情况下,公司发展是遵从成长规律的,如果没有前期的成熟积累,不会贸然在母国之外的地区设立较高级别的总部或分支机构。

与新加坡和中国香港相比,上海地处中国内地的独特地理位置是其核心优势。跨国公司在上海设立亚太总部,可以是公司对亚太地区最大的市场触手可及。但是,除了这一核心优势之外,上海与新加坡和中国香港在很多方面仍然差距明显:法制的透明度低、监管官僚作风明显、国际融资有限准入、人民币不能自由兑换、税收比重较高、高端人才获取、总部认定标准不够灵活等,具体体现在以下几方面。

一是法律和政策的可预见性与透明度较低,投资者对上海的商业环境存在担忧。例如,可口可乐在收购汇源的关口,中国的第一部反垄断法《中华人民共和国反垄断法》出台;谷歌无法适应中国内地政策的连续变化,被迫转移至中国香港;政府为第三方非金融机构的支付平台颁证的过程中,马云的支付宝"单飞",等等。类似事件不断出现,让跨国公司对中国的法律、政策以及商业环境心存疑虑。当它们选择将亚太总部放在何处时,这样的担忧可能使它们作出的决定是次优选择。政策不稳定、执法不严给跨国公司经营带来的困惑。频繁的政策摇摆常常给企业带来困惑。企业希望在建立法规、规则的同时能够加强执法,对扰乱市场的违法行为,应当严惩不贷。上海在适时出台一些比较清晰的政策、法规的同时,应加强执行,形成一个国际化的公平竞争平台。地方政策和行政行为准则不一,会影响企业的投资热情。跨国公司和民营企业都存在对国内行政干预的担忧。地方上的一些政策、行政行为准则经常不一致,缺乏统一的标准。如果上海自贸试验区能够从制度上规范行政监管的随意性,将会大幅提高民营企业的投资热情。

二是行政审批程序比较复杂,行政效能亟待提升。跨国公司高管多数希望政府提高行政效率:一是进一步减少行政审批环节,或者提供更多针对企业行政审批事项的一站式行政服务平台;二是希望政府部门进一步优化行政理念,由"监管主导型"向"服务主导型"转变。目前,我国开设新公司平均需要 38 天,上海浦东区效率虽然远高于此,但仍落后于新加坡平均只要 3 天的效率。外国投资者在中国设立公司,正常情况下必须与商务委员会、工商局、税务、财政、海关等多个部门接触,在提交众多纸质文件并经过相对复杂的程序以后才能获得上述各部门的投资核准和颁发的证明,一定程度上影响了跨国公司的投资进程和投资积极性。另外,对于拥有大量国际员工的跨国公司总部来说,遇到的典型问题是签证和雇工流程,过度复杂的签证流程也影响了外国人才进入上海。

三是金融服务业的市场准入限制较严。对金融衍生业务的准入限制。上海正在努力跻身于世界金融中心的行列,并且是上海证券交易所和许多国内外金融机构的总部所在地。但金融业的准入度仍然是限制上海发展的一大问题。由于金融服务业面临监管严格、行政管理复杂以及转移限制等问题,与其他城市相比,上海对外资企业开放的金融产品市场仍然有限。金融服务业的市场准入限制使得国内公司以及在华外企的投融资渠道受到一定限制,资金流无法盘活。另外,对于想进入中国金融服务市场的外资总部,目前仍然存在一系列严格的市场准入限制。例如,任何单一外国投资者在中国的银行中的股份不能超过 20%,这一限制使得外资银行无法通过并购(外资机构的股权比例达到 25%)完全进入中国市场。并且,外资寿险、基金管理,以及证券公司要进入中国市场,都只能通过建立有限外资份额的合资企业的形式实现。对外资金融机构的准入限制可能是导致中国的贷款利率远远高于欧美和日本的原因之一。高昂的融资成本和融资费用,使得很多本土企业和跨国公司的发展受限。

四是人民币兑换自由的限制,使得多数已经在上海设立总部的跨国公司,出现"资金流体外循环"的现象。即在上海设立总部,主要控制货物流和信息流,在中国香港或新加坡等地设立总部,控制公司的"资金流"。跨国公司这样分工布局的结果致使上海虽然是其中国内地市场的主要控制点,但大额资金却不从上海流过,使得上海总部的经济效应和税收效应大打折扣。人民币兑换的局限性进一步限制了境外公司在中国的发展。对此,一些已经将地区或全球生产、研发、营销与销售智能部门全部转移至上海的公司认为,它们仍有必要在中国内地之外继续运营其金融职能部门。在金融领域,人民币不可自由兑换是上海成为国际金融中心的主要障碍,这无疑增加了上海以外其他地区的公司提供资金的难度。因此,提高人民币的可兑换性被视作稳定国内与国际金融业的重要举措。

五是外汇审批受限,外汇结算繁琐。优惠的政策是吸引跨国公司入驻的原因之一,但跨国公司要想在中国谋求更大的发展,有些是优惠政策无法解决的。多数跨国公司希望在中国经营可以方便地享有国民待遇和全球资源,给其内部结算、外汇付款的审批带来便捷,能按照自己的需要,充分利用子公司之间提供的服务,并进行成本对冲。但目前上海企业和境外之间经常项目交易单证的审核直接投资外汇登记的手续都比较繁琐,企业面临着较大的汇率风险;同时,债权债务行政审批的手续也比较繁杂;跨境融资还非常不便,微观主体的境内外融资的自主选择权还亟待提高。

第3章
上海产业转型升级的现状、趋势及战略

3.1 上海经济发展与产业转型率先步入了"新常态"

3.1.1 上海经济增速率先换挡降速

从上海经济整体的发展来看,改革开放以来,上海经济的增长总体上处于高增长的阶段,1978—2013年,上海经济的平均增速为10.2%。我们可以将这一时期上海经济增长划分为三个阶段(如图3.1)。第一阶段为1978—1991年,尽管这一时期经济增长平均为8.1%,但经济的波动性较大,表明此阶段上海整体的抗风险

资料来源:历年《上海统计年鉴》,均为可比价增长率。

图3.1 1978—2013年上海的GDP增长率

能力较弱,易受外部环境的干扰。而上海经济增长的黄金时期在 1992—2007 年这 16 年间,每年的经济均保持在 10% 以上的高速增长,而且经济也表现得比较平稳。而自 2008 年全球金融危机爆发以来,上海的经济出现了明显的降速,近两年的速度都低于 8%。

3.1.2 结构转换、服务驱动、创新驱动等新动力逐渐形成

与此同时,上海产业结构不断优化,产业发展一步一个台阶稳步迈进。回顾上海 30 多年的产业发展历程,大致可将其划分为三个阶段。第一阶段(1978—1998 年)以第二产业为主导阶段,工业是上海经济的主要组成部分,但第三产业也在稳步增长;第二阶段(1999—2011 年)为第二、三产业共同驱动阶段,第二、三产业处于拉锯阶段,对经济的贡献基本相当,此阶段也是上海产业结构调整的困惑期;第三阶段(2012 年至今)进入第三产业为主导的阶段,此时,第三产业发展迅速,并且与第二产业的差距逐步拉大,第三产业逐渐占据主导地位(见图 3.2)。从三次产业对上海经济增长的贡献率也可以看出,21 世纪以来第二产业(主要是工业)对上海经济增长的贡献率逐步下降,而第三产业(服务业)逐渐发挥了对经济增长的主导作用(见表 3.1),服务驱动经济发展的特征逐渐显现。按照广义的科技进步贡献率,上海在 2001 年就已经超过了 50%,并且逐年提高,2010 年已经超过 60%,无限接近于发达经济体 70% 的标准(见图 3.3)。

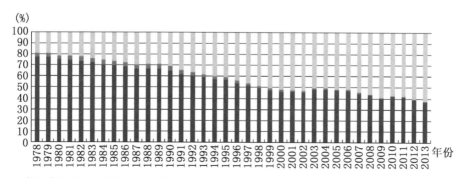

■第二产业占GDP比重(%)　■第一产业占GDP的比重(%)　第三产业占GDP的比重(%)

资料来源:根据历年《上海统计年鉴》计算编制。

图 3.2　1978—2013 年上海的三次产业比重

表 3.1　上海主要年份三次产业对经济增长的贡献率(％)

	1990 年	2000 年	2007 年	2008 年	2009 年	2010 年	2011 年	2012 年
第一产业	2.5	0.6	0.1	0.1	−0.1	−0.4	−0.1	···
第二产业	62.6	55.7	39.5	35.1	19.0	69.2	32.7	17.3
♯工　业	74.6	54.7	39.1	33.1	14.3	66.6	34.4	14.4
第三产业	37.2	43.7	60.4	64.8	81.1	31.2	67.4	82.7

资料来源:历年《上海统计年鉴》。

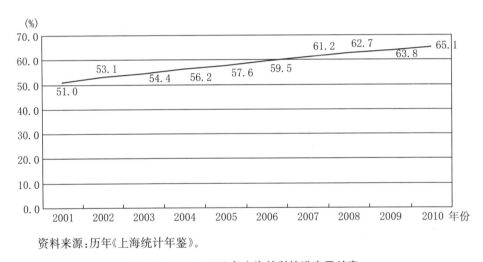

资料来源:历年《上海统计年鉴》。

图 3.3　2001—2010 年上海的科技进步贡献率

从上述的分析可知,上海实际上近几年已经率先步入了经济增长的"新常态",经济的增长速度换挡至中高速,经济增长的动力在产业上表现为服务驱动,创新驱动经济转型发展的特征初现。但上海经济增长驱动力的转化到底是导致"结构性虚高"的传统要素驱动力下降太快,还是效率驱动力、创新驱动力的实质性上升还需要作进一步的分析。

3.1.3　上海内需乏力严重制约了产业的转型发展

目前上海人均 GDP 超过 14 000 美元,按照国际经验,上海作为一个高收入的城市,总体上应该进入消费加速转型阶段,消费率通常会出现一定幅度的上升,然后稳定在一个比较高的水平上,成为支撑经济增长的主要动力。虽然在 GDP 的使用结构上,最终消费对 GDP 增长的贡献率达到了 70% 左右(见图 3.4),但三大需求驱动是经济增长的"结果",它并不必然导致经济的增长,对于经济的长期增长而言,经济增长的源泉是要素投入的增加和效率的提高,而效率的提高就包括资源重新配置效率和微观生产效率这两方面。而且,"三驾马车"的贡献与经济增长的模式有关。比如,赶超型经济体的投资率普遍比较高,先发型经济体的消费率普遍较高,而实行出口导向战略的经济体的净出口贡献率较高。一般在工业化中后期阶段,投资率一般在 30% 左右,消费率在 70% 左右,但作为经济发展领先的上海而言,其消费率却不断下降,目前不足 40%(见图 3.5)。内需不振使得上海产业结构升级面临着较大的挑战,特别是服务业的发展空间受到制约。内需不振的另外一个后果就是导致投资驱动型增长模式的自我强化,上海投资形成率与最终需求之间存在明显的"剪刀差",即每年的 GDP 中用于投资的比重在不断上升,因此,从 GDP 的使用来看,投资依旧是驱动上海经济的主导力量。而且,从投资的类别来看,房地产投资依然是投资的大头,占比超过 40% 且近几年一直处于上升的态势,2013 年达到了 50.2%(见图 3.6),真正对上海的产业升级和经济转型比较重要的产业并没有得到足够的投资。值得注意的是,在一般的统计中,房地产业归入第三

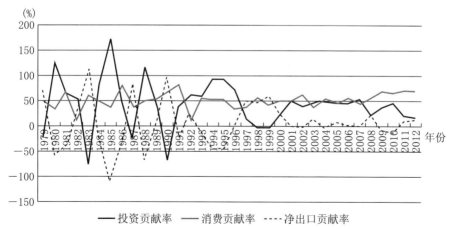

资料来源:根据历年《上海统计年鉴》计算编制,数据均转化成为可比价。

图 3.4　1979—2012 年上海"三驾马车"对经济增长的贡献

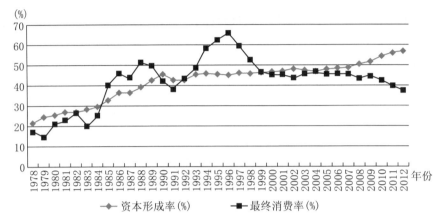

资料来源:根据历年《上海统计年鉴》计算编制。

图 3.5　1978—2012 年上海的资本形成率与最终消费率变化

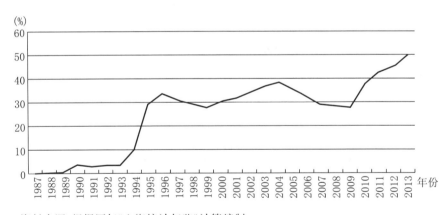

资料来源:根据历年《上海统计年鉴》计算编制。

图 3.6　1987—2012 年上海房地产投资占固定资产投资的比重

产业,这使得第三产业的投资比重大大高于第二产业,譬如,2013 年第三产业投资占全社会固定资产投资总额的比重为 77.7%,但如果剔除房地产的贡献,则第三产业的投资比重会大幅降低,这实际上表明上海服务业投资存在着"虚高"的成分。上海许多投资并没有很好地与内部的需求相适应,许多高档的产品与消费品依赖进口,内部的供给结构与需求未实现很好的匹配,使得内部巨大的潜在需求没有得到满足。

3.1.4　上海产业发展面临的资源环境约束分析

1. 能源消费增长加速下降,单位产值能耗逐渐降低

2005 年我国实行严格的降耗目标以来,上海能源消费总量增长趋势有了明显的下降,2011 年和 2012 年的能源消费增长率只有 0.62% 和 0.81%(见图 3.7)。与此同时,上海能源消费弹性自 2000 年以来一直小于 1,且总体上呈下降的趋势,2012 年降至 0.11(见图 3.8),即上海 GDP 每增长 1%,要求能源消费增长0.11%。这表明上海经济增长对能源的消费需求逐渐降低,经济中高耗能产业的占比已经显著减少。总体而言,上海的能源消费弹性以及电力消费弹性近几年要显著低于全国的水平,经济增长方式转变成效显著。从图 3.9 可知,消耗能源较少的第三产业比重逐渐上升,而能源消耗大户第二产业的比重逐渐下降。上海经济总体上逐步摆脱了对能源消耗的依赖,经济发展方式也成功地由粗放式向集约式实现了转变。

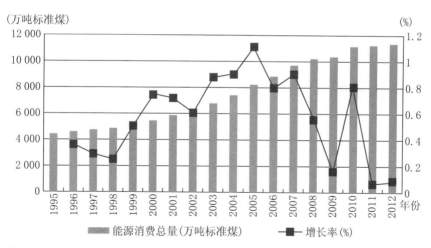

资料来源:根据历年《上海统计年鉴》计算编制。

图 3.7　1995—2012 年上海能源消费总量及增长率

上海经济发展方式转变的另外一个有力证据是上海单位增加值的能耗有了显著下降,从 2004 年开始,单位生产总值能耗降为 1 以下,2012 年进一步下降为 0.57

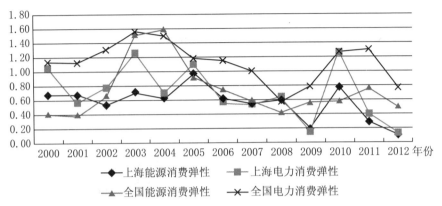

资料来源:根据历年《上海统计年鉴》计算编制。

图 3.8   2000—2012 年上海能源消费弹性与全国的比较

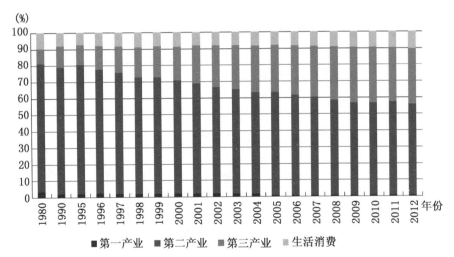

资料来源:根据历年《上海统计年鉴》计算编制。

图 3.9   1980—2012 年上海能源终端消费的结构

(见图 3.10)。工业增加值能耗也呈逐年下降的趋势,按可比价计算在 2008 年下降为 1 以下,2012 年降为 0.849。但与国内的发达省市北京、江苏、浙江、广东相比,上海的单位增加值能耗并不占优(见表 3.2),单位增加值的能耗基本上排在北京、浙江、广东之后,工业增加值能耗也落后于北京与广东。影响单位增加值能耗的因素主要包括产业结构、能源消费结构、技术进步等,因此,上海未来要进一步降低单位增加值能耗就必须在产业结构上实现工业经济的升级、推动服务经济的发展;在能源消费结构方面积极推广新能源的使用,有效降低新能源的应用成本;在技术创新方面提高对经济增长的贡献,以更快的技术进步降低对能源的消耗。而上述方面实际上既是上海经济转型与产业升级的方向与目标所在,也是其重要抓手。

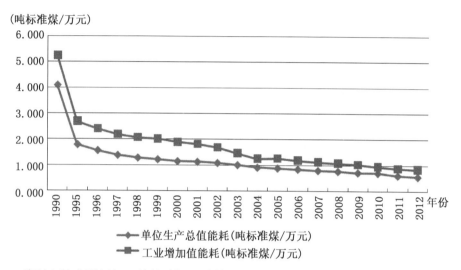

资料来源:根据历年《上海统计年鉴》计算编制。

图 3.10　1990—2012 年上海单位产值能耗

表 3.2　上海与国内主要发达省市的单位能耗比较

	单位生产总值能耗(吨标准煤/万元)				
年份	上海	北京	江苏	浙江	广东
2005	**0.889**	0.792	0.920	0.879	0.794
2006	**0.873**	0.760	0.891	0.864	0.771
2007	**0.833**	0.714	0.853	0.828	0.747
2008	**0.801**	0.662	0.803	0.782	0.715
2009	**0.727**	0.606	0.761	0.741	0.684
2010	**0.712**	0.582	0.734	0.717	0.664
2011	**0.618**	0.459	0.6	0.59	0.563
2012	**0.57**	0.44			

续表

	工业增加值能耗(吨标准煤/万元)				
年份	上海	北京	江苏	浙江	广东
2006	**1.200**	1.330	1.570	1.430	1.040
2007	**1.006**	1.188	1.408	1.302	0.980
2008	**0.958**	1.037	1.265	1.182	0.869
2009	**0.957**	0.909	1.107	1.123	0.809
2010	**0.953**	0.926			
2011	**0.889**	0.780			
2012	**0.849**	0.720			

资料来源:历年《中国统计年鉴》、《北京统计年鉴》,其中,2005—2010 年的数据以 2005 年的价格计算,2010 年以后的数据以 2010 年的价格计算。

2. 环境约束对上海的经济转型提出了严峻的挑战

上海作为一个特大城市,在经济发展中也面临着越来越严峻的环境约束,统计显示(见表 3.3),2012 年上海的废水与废气排放在全国城市中排在前列,这对上海今后的产业发展、高素质人才的集聚提出了较大的挑战。与此同时,为了治理环境,其所需投资也在不断增长,环保投资相当于 GDP 的比重接近 3%,这对上海经济的可持续发展也带来了较大的压力。

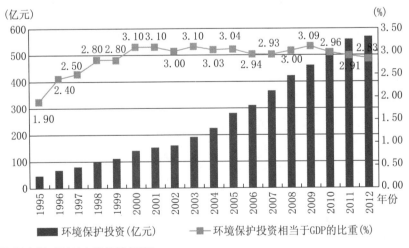

资料来源:历年《上海统计年鉴》。

图 3.11 1995—2012 年上海环保投资情况

表 3.3　2012 年上海与国内主要城市的废水废气排放比较

	排放量	全国城市中排名
废水排放总量(万吨)	219 244	1
废气中主要污染物		
其中:二氧化硫(万吨)	22.82	2
氮氧化物(万吨)	15.62	1
烟(粉)尘(万吨)	8.71	4

资料来源:《2013 年中国统计年鉴》。

3.2　上海产业转型升级的基本要素分析

上面主要从上海的发展历史梳理了上海经济发展与产业转型驱动力方面的总体概况,主要基于对经济发展"结果"的判断,但对于上海产业的发展而言,其内在动力必须从供给层面找到答案,比如要素投入增加、要素效率提高和经济制度变迁,等等。实际上,对上海产业发展而言,可以将其基本的要素分为劳动力、资本、土地、能源以及全要素生产率等,而分析的重点应是关注其成本的变化与效率的关系,判断并厘清上海产业要素的变化趋势,以此研判上海经济转型升级的动力转化与战略取向。

3.2.1　上海劳动力要素的变化特征

1. 劳动生产率的提升难以覆盖劳动力成本的上升

目前许多研究在考察劳动力成本时,大多使用"工资"作为其主要度量的指标,实际上随着我国社保制度的完善,劳动者的间接福利成本逐渐上升,如果忽略这部分成本就会低估成本上升对经济的影响。因此,我们在分析劳动力成本时,采用了更为准确的指标——劳动者报酬。劳动者报酬是劳动者从事生产活动所应得的全部报酬,包括劳动者应得的工资、奖金和津贴,既有货币形式的,也有实物形式的,还有劳动者所享受的公费医疗和医药卫生费、上下班交通补贴和单位为职工缴纳的社会保险费等。因此,劳动者报酬实际上包含了直接的工资成本以及间接的福利补贴等。在分析的过程中,我们均将指标进行了平减,按可比价格来计算相应的增长率。

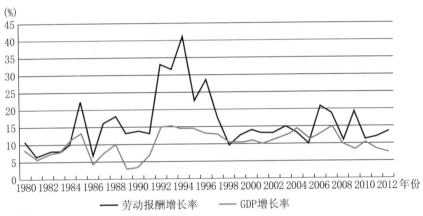

资料来源:根据历年《上海统计年鉴》计算编制,数据均转化成为可比价。

图 3.12 1987—2012 年上海劳动力成本与 GDP 增长的对比

图 3.12 刻画了劳动成本增长与 GDP 增长的对比关系,上海劳动力成本增长显著地高于 GDP 的增长。一般认为,如果劳动力成本增长幅度大于 GDP 的增长幅度,就可以认为劳动力成本增长过快,在一定时期内会对经济体竞争力产生较大影响。特别是在 2008 年《中华人民共和国劳动合同法》颁布以及实行严厉的最低工资标准后,上海劳动力成本的上升更加明显。此外,分析劳动力成本影响的另一个重要的指标是单位增加值劳动力成本或者称为单位劳动力成本(unit labor costs),这一指标是劳动力成本与实际增加值的比值,它表示每增加一单位增加值所花费的劳动力成本,反映了一经济体劳动力成本与劳动生产率的相对变动情况。图 3.13 显示上海的单位劳动力成本自改革开放以来呈持续增大的趋势,表明上海劳动力成本的优势在加速弱化。当生产率的增长难以弥补成本的上升趋势时,表明当前劳动力成本上升给上海经济转型发展带来的巨大挑战。

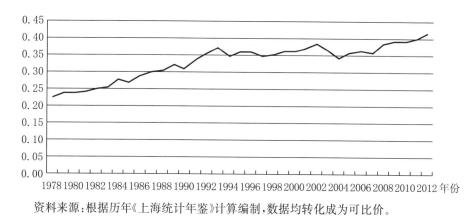

资料来源：根据历年《上海统计年鉴》计算编制，数据均转化成为可比价。

图 3.13　1978—2012 年上海单位劳动力成本的增长

为了缓解单位劳动成本的上升（即劳动力成本与劳动生产率的比率），在由工资以及社保等福利费表示的劳动力成本不可避免地提高的情况下，劳动生产率提高越快，单位劳动力成本提高越慢，劳动力优势才能得以保持。然而，提高劳动力生产率不能仅仅依靠提高资本劳动比，即用资本替代劳动，而更根本的办法是提高全要素生产率。因为在劳动力短缺条件下，资本劳动比的提高是受到资本报酬递减规律限制的，而全要素生产率的提高才具有可持续性，这就需要创造有利于提高劳动生产率的政策环境。通过完善户籍制度、社保制度等方面的改革，尽快消除仍然存在的劳动力流动的制度障碍。

2. 就业人员稳中有升，结构不断优化

改革开放以来，上海的就业人员数呈现出不断上升的态势。总的就业规模由1978 年的 698.32 万人上升到了 2012 年的 1 115.5 万人。在三次产业间，第一产业的就业人员数呈不断下降的趋势，由 1978 年的 240.06 万人下降到了 2012 年的 45.7 万人；而第二产业的就业人员则呈现出交替上升和下降的波动态势，在 1978 年到 1991年间，第二产业的就业人员是不断增加的，在 1991 年至 2002 年间，则由 471.23 万人下降到了 329.16 万人，在 2002 年至 2012 年间，上海第二产业的就业人员由 329.16 万人增加到了 439.96 万人，不过值得注意的是 2012 年出现了下降的趋势；第三产业的就业人员则呈不断上升的态势，由 1978 年的 150.78 万人提高到了 2012 年的 629.84万人。从就业结构来看，上海市三次产业的就业结构由 1978 年的"二、一、三"转变为2012 年的"三、二、一"结构，这一转折点出现在 2000 年（见图 3.14），并且 2002 年第三产业的就业比重超过了 50%，2012 年达到了 56.5%，显示上海第三产业吸纳就业不断增强，就业的结构不断优化。而且，上海人口的抚养比总体呈下降的态势（见表 3.4），但令人担忧的是 2012 抚养比指标均出现了反弹的趋势，且人口的迁入近几年也持续下滑（见表 3.5），这对上海挖掘人力资本红利是一个不好的信号。

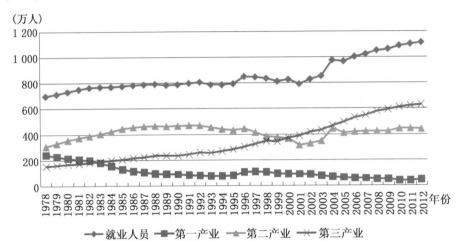

资料来源：《新中国六十年统计资料汇编》及历年《上海统计年鉴》。

图 3.14　1978—2012 年上海就业的产业分布

表 3.4　2000—2012 年上海人口抚养比

年　份	人口总抚养比（%）	少儿抚养比（%）	老年人口抚养比（%）
2000	31.09	16.07	15.1
2001	35.39	16.37	19.02
2002	31.85	14.13	17.72
2003	34.38	14.45	21.88
2004	32.84	14.81	20.31
2005	26.53	14.96	15.14
2006	29.4	13.03	18.6
2007	33.72	12.58	18.32
2008	31.14	11.75	16.5
2009	34.1	11.1	17.97
2010	23.1	10.6	12.46
2011	19.27	9.88	9.39
2012	21.18	10.26	10.92

资料来源：历年《中国人口和就业统计年鉴》（2006 年之前名为《中国人口统计年鉴》）。

表 3.5　1990—2012 年上海户籍人口迁移

年　份	迁　入		迁　出		净　迁　入	
	人　口	迁入率	人　口	迁出率	人　口	增长率
	(万人)	(‰)	(万人)	(‰)	(万人)	(‰)
1990	12.18	9.52	10.72	8.38	1.46	1.14
1995	13.12	10.09	6.47	4.98	6.65	5.11
1996	13.01	9.99	6.41	4.92	6.60	5.07
1997	11.47	8.79	5.72	4.38	5.75	4.41
1998	11.73	8.98	5.04	3.86	6.69	5.12
1999	14.06	10.73	5.08	3.88	8.98	6.85
2000	15.16	11.51	5.32	4.04	9.84	7.47
2001	14.63	11.05	5.56	4.20	9.07	6.85
2002	15.41	11.58	4.38	3.29	11.03	8.29
2003	14.92	11.15	3.69	2.76	11.23	8.39
2004	13.93	10.34	2.74	2.03	11.19	8.31
2005	12.96	9.55	3.46	2.55	9.50	7.00
2006	12.86	9.43	3.50	2.57	9.36	6.86
2007	14.69	10.70	3.95	2.88	10.74	7.82
2008	17.28	12.48	4.29	3.10	12.99	9.38
2009	15.72	11.26	4.77	3.42	10.95	7.84
2010	17.22	12.24	4.97	3.53	12.25	8.71
2011	13.15	9.29	5.33	3.76	7.82	5.53
2012	12.96	8.11	5.89	4.14	7.07	3.97

资料来源:《2013 年上海统计年鉴》。

　　从上海各行业的就业人数的变化来看,有如下几个特征:一是服务业特别是生产性服务业的就业人数比重上升(见表 3.6),截止到 2012 年,在 19 个大类行业中,吸纳就业最多的 5 个行业由高到低分别为制造业,交通运输、仓储和邮政业,建筑业,租赁和商务服务业及信息传输、计算机服务和软件业。除了制造业和建筑业分属于第二产业外,其他产业均属于生产性服务业,且这些行业的就业人数呈上升的趋势。进一步对服务业内部进行分析,可以发现,生产性服务业的就业比重占服务业整体的 64%。二是劳动密集型产业的从业人员进一步下降,而技术密集型和资本密集型产业的就业人员呈上升态势。在工业内部,目前吸收就业最多的前 5 个行业由高到低分别为计算机、通信和其他电子设备制造业,通用设备制造业,电气机械和器材制造业,汽车制造业和金属制品业(见表3.7),这些行业均属于技术、资本密集型行业。上述就业的变化也与上海的产业结构调整是密切相关的,20世纪80年代到90年代初期,上海工业是发展的重点,一些劳动密集型行业和重工业发展迅速,其也是吸纳就业的大户;20世纪90年代开始,上海加快了向"三、二、一"的产业结构调整的步伐,传统的纺织、轻工、冶金等行业开始合并、逐步退出,新型的工业和服务业增长迅速,伴随着这一调整,技术、资本密集型行业和服务业比重有了显著提升;进入新世纪以来,上海的产业结构调整加速向创新、服务驱动转型,先进制造业和生产性服务业的发展提速,其就业比重也不断上升。与此同时,随着产业的产值结构和就业结构的调整,其劳动生产率也在不断提高(见图3.15),制造业与服务业呈交替上升态势,近两年服务业处于领先的地位。

表3.6 2003—2012年上海各行业就业人员数(万人)

	2003年	2004年	2005年	2006年	2007年	2008年	2009年	2010年	2011年	2012年
农、林、牧、渔业	73.72	67.29	61.02	55.33	53.71	49.38	48.53	37.09	37.28	45.7
采矿业	0.03	0.07	0.06	0.05	0.08	0.08	0.09	0.09	0.05	0.05
制造业	276.02	272.03	275.32	279.08	340.8	348.78	327.86	341.42	341.41	336.86
电力、热力、燃气及水的生产和供应业	5.64	5.62	5.49	5.4	5.46	5.61	5.74	6.14	6.27	5.99
建筑业	35.43	38.25	41.46	43.1	76.21	69.69	89.34	96.09	97.35	97.06
交通运输、仓储和邮政业	45.9	47.7	48.4	49.23	42.85	55.56	54.28	180.69	181.66	185.81
信息传输、计算机服务和软件业	7.1	7.85	9.48	9.89	13.28	13.65	19.03	54.97	58.14	60.11
批发和零售业	113.8	125.53	131.31	134.66	175.5	172.72	175.32	20.03	27.57	28.12
住宿和餐饮业	23.51	23.05	23.6	25.9	38.96	41.73	42.79	2.97	3.05	2.87
金融业	17.32	15.92	18.24	19.57	19.32	23.19	22.11	24.11	28.41	30.05
房地产业	28.87	28.94	28.96	29.95	36.12	37.38	36.55	35.94	35.59	33.36
租赁和商务服务业	21.6	38.11	45.87	50.98	58.08	59.77	55.46	58.86	62.31	64.64
科学研究、技术服务和地质勘查业	12.39	13.35	15.23	16.15	17.64	20.49	33.6	33.11	29.99	29.02

	2003 年	2004 年	2005 年	2006 年	2007 年	2008 年	2009 年	2010 年	2011 年	2012 年
水利、环境和公共设施管理业	7.72	6.7	6.74	7	10.18	12.74	11.36	11.94	11.2	11.6
居民服务和其他服务业	73.43	74.73	78.3	83.83	61.88	63	63.34	62.75	58.86	57.93
教育	27.54	27.3	27.63	27.77	26.73	29.58	29.2	29.02	30.31	30.11
卫生、社会保障和社会福利业	16.33	17.67	18.29	18.41	19.14	19.61	19.58	20.41	20.65	20.13
文化、体育和娱乐业	8.14	8.28	8.25	10.16	10.37	11.32	11.99	11.91	10.65	9.58
公共管理和社会组织	18.56	18.48	19.67	19.05	18.02	18.96	18.25	18.67	19.4	20.49

资料来源：历年《上海统计年鉴》。

表 3.7　2012 年上海规模以上工业各行业就业人员数(万人)

采矿业	0.02	皮革、毛皮、羽毛及其制品和制鞋业	3.69	化学纤维制造业	0.39
石油和天然气开采业	0.02	木材加工和木、竹、藤、棕、草制品业	1.19	橡胶和塑料制品业	14.14
制造业	260.52	家具制造业	4.53	非金属矿物制品业	6.8
农副食品加工业	3.08	造纸和纸制品业	3.68	黑色金属冶炼和压延加工业	4.58
食品制造业	8.26	印刷和记录媒介复制业	3.39	有色金属冶炼和压延加工业	2.53
酒、饮料和精制茶制造业	1.55	文教、工美、体育和娱乐用品制造业	3.83	金属制品业	16.37
烟草制品业	0.41	石油加工、炼焦和核燃料加工业	2.09	通用设备制造业	24.05
纺织业	4.35	化学原料和化学制品制造业	11.7	专用设备制造业	12.75
纺织服装、服饰业	13.69	医药制造业	6.3	汽车制造业	22.78

续表

铁路、船舶、航空航天和其他运输设备制造业	6.91	其他制造业	1.08	电力、热力生产和供应业	2.14
电气机械和器材制造业	23.52	废弃资源综合利用业	0.21	燃气生产和供应业	1.07
计算机、通信和其他电子设备制造业	46.77	金属制品、机械和设备修理业	1.6	水的生产和供应业	1.23
仪器仪表制造业	4.29	电力、热力、燃气及水生产和供应业	4.43		

资料来源:《2013 年上海统计年鉴》。

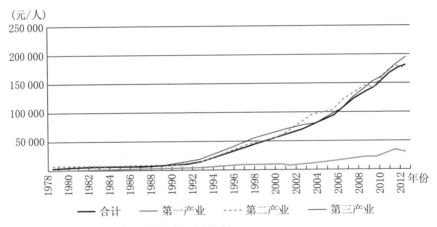

资料来源:根据《2013 年上海统计年鉴》编制。

图 3.15　1978—2012 年上海的全员劳动生产率

3. 劳动力的技能结构不断升级,高素质人力资本还亟需提升

对于上海的产业转型发展而言,除了就业人员的总体结构外,人力资本的升级具有重要的意义。一般认为,产业发展中如果高技能的劳动力占比提高,则产业转型升级就具有较好的基础。对于高低技能劳动力的划分方法,一般的实证研究中,运用比较多的主要有两种方法。一是采用工作性质的分类,将高技能劳动力定义为非生产性(non-production)工人,而低技能劳动力定义为生产性(production)工人,一般认为非生产性工人包括管理人员和技术人员,除此以外的为生产性工人。另外一种是用受教育程度来划分高低技能劳动力,一般是受过高等教育的为高技

能劳动力,其他为低技能劳动力。不过,很多研究分析认为,这些划分所作出来的结果基本是一致的(Berman, Bound and Machin, 1998)。首先,人口受教育程度可以刻画上海未来的人力资源潜力,图 3.16 显示了上海 1987—2012 年各个学历阶段的人口所占比重,可以发现上海高技能劳动力的比重呈不断扩大的趋势。1987 年,有大专及以上教育程度的人员仅占总人口的 3.25%,而 2012 年,这一比重已经达到了 23.07%。同时,从人均的受教育程度来看,上海的平均教育水平已经有了显著的提升,从 1987 年的 7.31 年提高到了 2012 年的 10.65 年(见图 3.17),

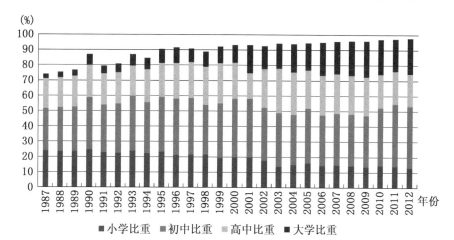

资料来源:历年《中国人口统计年鉴》及《中国人口和就业统计年鉴》。

图 3.16　1987—2012 年上海各学历人口所占比重

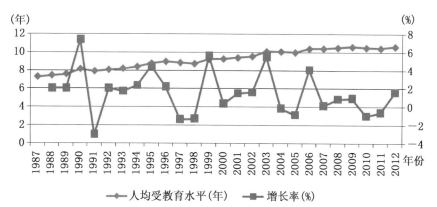

资料来源:历年《中国人口统计年鉴》及《中国人口和就业统计年鉴》。

图 3.17　1987—2012 年上海人均受教育水平及其增长率

这些都表明上海的人力资源的素质在不断提高,劳动力技能结构在不断升级,这为上海的产业转型创造了良好的条件。

就业人员受教育程度构成是衡量劳动力技能现状的重要指标,从近十年的发展来看,上海就业的高技能比重在不断上升,专科及以上(包括专科、本科、研究生)的比重从 2002 年的 16.2% 提高到了 2012 年的 33.69%,高技能劳动力得以显著提高。这一水平也显著高于全国水平,但与北京相比,上海的劣势还是比较明显,北京的高技能劳动力比重已经超过 50%,并且上海长期低于北京(见图 3.19)。对于在全国要率先

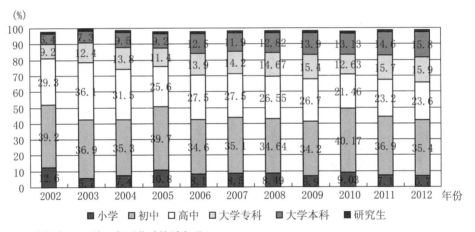

资料来源:历年《中国劳动统计年鉴》。

图 3.18 2002—2012 年上海就业人员受教育程度构成

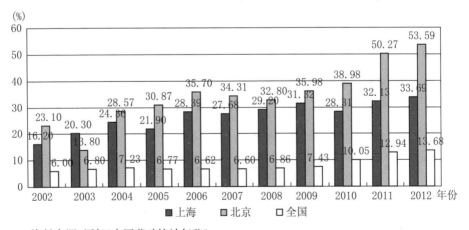

资料来源:历年《中国劳动统计年鉴》。

图 3.19 2002—2012 年上海就业人员受教育程度构成与北京及全国的比较

实现产业转型升级的上海来说,按现在的人力资本储量显然还远远不够,还必须完善相应的人才培育、引进政策,扩大高素质人力资本的来源,提升人力资本的禀赋。

3.2.2　上海资本要素的变化特征

投资驱动经济增长在我国以及上海的经济发展中长期占据着主导地位,过度的投资也造成了经济增长方式的粗放、产业过剩等问题,这也导致了社会对投资驱动经济往往批评较多。但实际上,投资对于经济的重要性是不言而喻的,不论是要素驱动、投资驱动还是创新驱动,都是以资本投入的增长为前提的。世界经济的发展历程表明,资本要素能够通过改善其他生产要素的产出效率来提高整个经济的产业结构水平,因此资本要素投入已成为影响现代经济发展的关键因素。这其中的关键问题在于投资的效益与成本的关系以及投资是市场主体的市场行为还是不计成本的低效投资。因此,提高资本的使用效率依然是我们面临的重大课题。

1. 资本增速呈下降态势,对经济增长的贡献波动较大

不管是用投入法计算的固定资产投资额还是用使用法计算的固定资本形成总额,在经历了长期的增长后,不仅总量上出现了明显的回落,而且增速上也明显下降(见图 3.20)。2010 年开始固定资产投资增长率已经连续低于 7% 的水平(2011

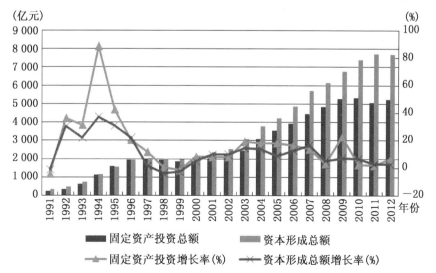

资料来源:根据历年《上海统计年鉴》计算编制,增长率均为可比价增长率。

图 3.20　1991—2012 年上海资本投入及可比价增长率

年仅为1.69%)。工业的固定资产净值尽管有所回升,但增长率依然偏低(见图3.21)。

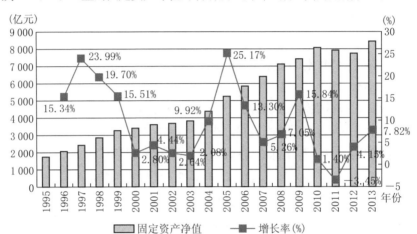

资料来源:根据历年《上海统计年鉴》计算编制,增长率均为可比价增长率。

图3.21 1995—2013年上海工业固定资产净值及可比价增长率

投资贡献率是反映投资对经济拉动的重要指标,投资与国民经济增长高度正相关,总体而言,固定资产投资对上海经济增长的贡献具有典型的周期性特征,并不是一直上升或下降。而且,投资驱动一般会表现出投资贡献率的增大或减小与经济增速的快慢有着一致性,在2010年之前,固定资产投资与对上海经济的驱动效应确实比较显著。但近几年上海投资贡献率的增大并没有拉动经济的显著增长,二者出现了一定的背离,从这一角度来看,投资驱动上海经济的动力出现了疲态,高投资、高增长的模式显然难以为继(见图3.22)。

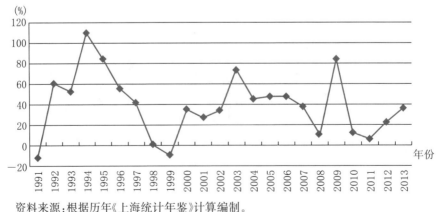

资料来源:根据历年《上海统计年鉴》计算编制。

图3.22 1991—2012年上海固定资产投资贡献率

2. 投资效果有所下降,微观企业投资效益的优势在逐步丧失

固定资产投资的目的是为了形成新的生产能力和使用效益,因此,交付使用率的高低是衡量固定资产投资效果最直接的指标之一。在 1996 年至 2006 年之间,上海固定投资交付使用率大部分在 60% 以上,但此后这一指标都低于 60% 的水平,近年处于下降的趋势且低于全国的水平,表明上海的投资效果有所下降(见图 3.23)。

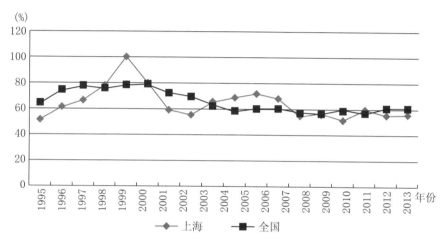

资料来源:根据历年《上海统计年鉴》、《中国统计年鉴》计算编制。

图 3.23　1995—2012 年上海固定资产投资交付使用率与全国的比较

工业资本产出率、工业资本回报率、工业固定资产总利润率等几项投入产出效益的指标在 2008 年的投资刺激后有过短暂的上升,达到了一个新的高度(见图 3.24)。但近几年这些指标均有不同程度的下滑,这也从另一侧面反映了上海工业的投资效益已经很难保持在一个高水平上。从反映企业这一微观经济主体的全部资产获利能力的总资产贡献率来看,近几年上海工业企业的总资产贡献率呈下降趋势,并且从 2004 年开始已经落后于全国的水平,表明上海工业企业的资产获利能力在全国范围内已经逐渐丧失了竞争力(见图 3.25)。在成本费用利润率方面也具有类似的特征,由于这一指标是企业的全部生产投入与实现利润之比,因而其既反映工业企业投入的生产成本及费用的经济效益,也反映工业企业降低成本所取得的经济效益。这也表明了上海工业企业的成本上升速度较快,收益成本比在全国也不具有领先的优势(见图 3.26)。

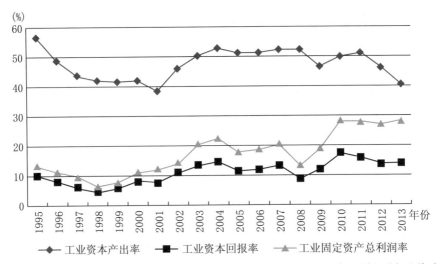

注:工业资本产出率＝工业增加值/(资产－负债);工业资本回报率＝利润总额/(资产－负债);工业固定资产总利润率＝利润总额/固定资产净值。

资料来源:根据历年上海统计年鉴计算编制。

图 3.24　1995—2013 年上海工业回报率的主要指标

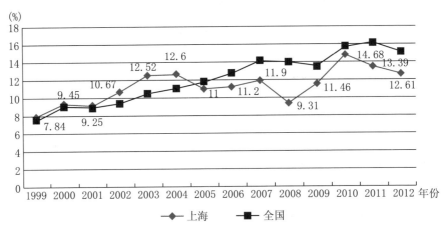

资料来源:根据历年《上海统计年鉴》、《中国统计年鉴》计算编制。

图 3.25　1999—2012 年上海工业企业总资产贡献率与全国的比较

3. 投资结构不断优化,投资领域还需进一步优化

从投资的产业分布来看,第三产业的投资在逐年上升,第二产业的投资占比逐年下降(见图 3.27)。2013 年,第二产业投资占全社会固定资产投资总额的比重为 77.7%,这也表明了上海的投资更多地流向了服务业这一经济转型的方向,但由于

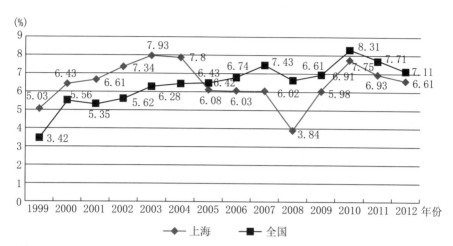

资料来源：根据历年《上海统计年鉴》、《中国统计年鉴》计算编制。

图 3.26　1999—2012 年上海工业企业成本费用利润率与全国的比较

房地产投资计算在服务业中，且最近几年房地产投资占全社会固定资产投资的比重上升得比较迅速，都超过了 40%，2013 年更是超过了 50%，因而如果剔除房地产的因素，实际上服务业特别是生产性服务业的投资并不高，因此，优化第三产业内部的投资结构是今后上海经济转型的重要方面（见图 3.28）。此外，从投资的经济类型来看，国有经济的比重在 2000 年时降为 50% 以下，在经历 2005 年至 2009年的反弹后，近几年其比重也逐渐降低，非国有经济的比重逐渐上升，2013 年非国

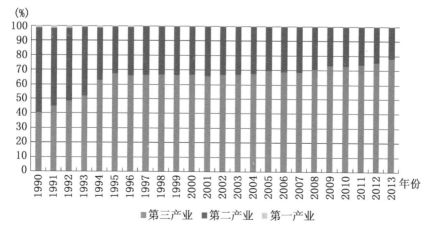

资料来源：根据历年《上海统计年鉴》计算编制。

图 3.27　1990—2013 年上海固定资产投资的产业分布

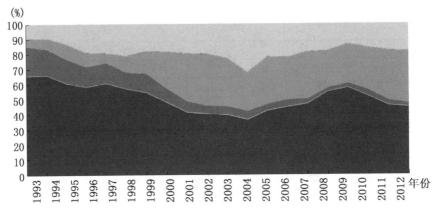

资料来源:根据历年《上海统计年鉴》计算编制。

图 3.28　1993—2012 年上海固定资产投资按经济类型划分的比重

有经济投资占全社会固定资产投资总额的比重为 65.9%。一般认为,非国有经济
投资比重的上升显示了市场经济活力的增强,因为国有经济往往会存在投资的预
算软约束,大多数投资往往不计成本,投资效率较为低下,而非国有经济的投资一
般都追求投资的收益。

3.3　上海创新要素分析

3.3.1　上海创新的投入与产出增长迅速,但消化吸收能力有待提高

上海创新的投入增长迅速,国际上通常把研发投入(R&D 投入)占 GDP 比重
达到 2%,作为衡量一个地区科技发展水平达到临界点、进入突变期的标准。而上
海目前已经超过了 3%, 2013 年达到了 3.4%(见表 3.8)。按照国际经验,一个创
新城市的科技进步贡献率应保持在 70% 以上,发达国家的科技进步贡献率一般都
在 60%—80%,上海正逐渐逼近这个标准,科技正成为上海经济发展的内在动力。

在研发产出方面,专利的申请与授权量均获得了较快的增长,专利申请量超过了
8 万项,2013 年为 86 450 项,其中发明专利 39 157 项,占比超过了 45%;专利授权量

表 3.8　2005—2012 年上海主要创新指标

	2005 年	2006 年	2007 年	2008 年	2009 年	2010 年	2011 年	2012 年
上海市 R&D 投入/上海市 GDP（%）	2.31	2.45	2.46	2.58	2.81	2.81	3.11	3.37
高技术产业产值/工业总产值（%）	25.1	24.4	25.6	24.8	23.3	23.2	21.8	21.7
高技术产品出口额/商品出口总额（%）	39.95	39.00	40.36	42.11	44.83	46.53	44.50	43.84
科技进步贡献率（%）	57.6	59.5	61.2	62.7	63.8	65.1		
新产品产值（亿元）	3 408.76	4 112.36	4 614.38	4 725.58	4 949.88	5 870.02	7 142.05	6 652.92

资料来源：历年《上海科技统计年鉴》。

在 2012 年突破了 5 万项，2013 年有所回落，专利授权为 48 680 项（下降 5.5%），其中发明专利 10 644 件（下降 6.5%），新产品产值总体上也处于上升的通道（见图 3.29）。

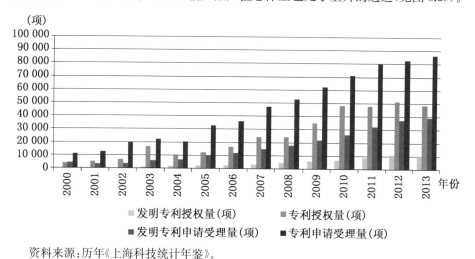

资料来源：历年《上海科技统计年鉴》。

图 3.29　2000—2013 年上海专利申请与授权

尽管上海在消化吸收费用上总体呈上升态势的增长，但在总量上依旧不高，最近几年出现了一定的下滑，而且消化吸收费用占技术引进费用的比重偏低，上海花

100元引进国外技术,只花不到50多元用来消化吸收(见图3.30),而日本和韩国则是花100元引进技术,花500元用于消化创新。低的消化创新能力就导致了我们引进的技术并没有实现真正的"落地"即技术的本土化,只是被作为生产的手段,而没能实现技术上的再创新与超越。在技术引进与购买国内技术方面,二者的比例已经由高点时的60倍降至2012年的2.01倍(见图3.31)。

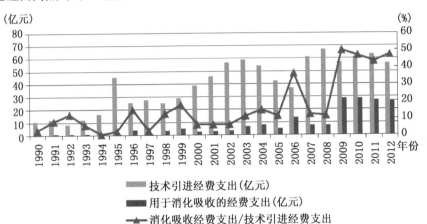

资料来源:历年《上海科技统计年鉴》。

图3.30 1990—2012年上海技术引进与消费吸收费用

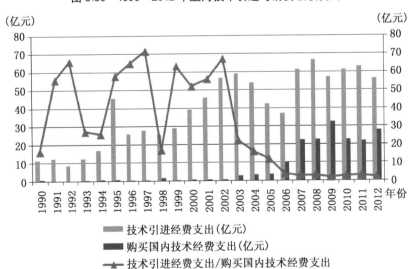

资料来源:历年《上海科技统计年鉴》。

图3.31 1990—2012年上海技术引进与购买国内技术经费支出

3.3.2　高新技术产业外向度过高，自主能力有待提高

增加值率偏低，"高端不高"的现状表明上海的创新地位还亟待提升。尽管上海在产业的发展方面具有较好的基础，但上海在价值链中的地位犹如中国在全球价值链中的位置，总体上与全球城市的价值链地位还有相当的差距。根据上海2013年统计公报中的数据测算，2013年上海工业增加值率只有21.35％，离发达国家30％以上的水平还有相当的差距，而战略性新兴产业制造方面的增加值率只有19.51％，甚至低于工业的整体水平。其次，上海价值链的自主控制能力还较弱。例如，2012年，在进口中，外资企业占比为64％，出口中外资企业占比为67％，特别是在高技术产品出口中，外商独资企业占比高达87％，而且多年来一直维持着这种趋势（见表3.9）。同时，在高技术产品贸易中，进料加工贸易的比重在70％左右，这表明了许多关键的中间产品我们依然依赖国际市场，自主能力不强（见表3.10）。

表3.9　2000—2013年上海高新技术产品出口的企业类型结构

年份	高技术产品出口额 （亿美元）	国有和集体企业 （亿美元）	中外合资企业 （亿美元）	外商独资企业 （亿美元）	外商独资企业 占比（％）
2000	48.08	4.31	20.43	20.27	42.16
2001	54.28	5	23.72	24.14	44.47
2002	74.81	7.49	20.18	47.13	63.00
2003	163.61	7.63	26.4	127.46	77.90
2004	288.7	7.9	38.6	238.1	82.47
2005	362.53	11.18	39.1	304.23	83.92
2006	442.81	15.93	37.11	378.72	85.53
2007	580.92	19.57	36.33	508.03	87.45
2008	713.08	28.77	47.87	612.94	85.96
2009	636.16	18.29	39.07	557.57	87.65
2010	841.11	26.91	50.4	737.71	87.71
2011	933.63	25.41	57.57	814.98	87.29
2012	906.64	24.41	48.92	789.98	87.13
2013	887.13	27.29	49.8	758.07	85.45

资料来源：根据历年《上海科技统计年鉴》计算编制。

表 3.10　2001—2013 年上海高新技术产品出口的企业类型结构

年份	进料加工贸易(亿美元)	一般贸易(亿美元)	进料加工贸易占比(%)
2001	32.5	4.63	59.87%
2002	46.86	6.67	62.64%
2003	120	13.51	73.35%
2004	203.76	25.72	70.58%
2005	271.6	31.84	74.92%
2006	348.05	44.15	78.60%
2007	439.23	55.16	75.61%
2008	528.99	70.97	74.18%
2009	500.68	52.66	78.70%
2010	652.54	77.79	77.58%
2011	721.25	85.72	77.25%
2012	678.5	87.65	74.84%
2013	625.97	97.63	70.56%

资料来源:根据历年《上海科技统计年鉴》计算编制。

3.4　上海产业全要素生产率分析

3.4.1　上海经济增长的总体核算

为了对上海产业的劳动、资本与全要素生产率有一个全面的梳理,明确其各自对上海经济发展的贡献,我们首先利用索洛残差法对上海的全要素生产率(TFP)的增长率进行核算。根据索洛的方法,在不变的规模报酬,外生的技术进步和竞争市场的假设下,产出增长率可以分解为:

$$g_y = \alpha g_l + (1-\alpha)g_k + e \tag{3.1}$$

其中,g_y、g_l 和 g_k 分别是产出、劳动和资本的增长率。α 是劳动的产出弹性,e 为索洛余值,或者称为全要素生产率(TFP)的增长率。

为了估算全要素生产率(TFP)的增长率,需要首先测算出劳动和资本的产出弹性。

假定 C—D 形式的生产函数为

$$Y_t = A_0 e^{\gamma t} L_t^{\alpha} K_t^{\beta} e^{\varepsilon} \tag{3.2}$$

其中, β 和 α 分别代表资本和劳动的产出弹性, $e^{\gamma t}$ 为时间项, e^{ε} 为误差项, 两边取对数有

$$\ln Y_t = \ln A_0 + \gamma t + \alpha \ln L_t + \beta \ln K_t + \varepsilon \tag{3.3}$$

一般来说, 可以采用不变规模报酬的总量生产函数。当 $\alpha + \beta = 1$ 时, 则有

$$\ln(Y_t/L_t) = \ln A_0 + \gamma t + \beta \ln(K_t/L_t) + \varepsilon \tag{3.4}$$

利用上海 1978—2012 年的 GDP、劳动力和物质资本存量数据(见表 3.11), 对方程(3.4)实施最小二乘法(OLS)的回归, 可以估计出资本和劳动的产出弹性, 再利用式(3.1), 便可以求出 TFP 的增长率以及各要素对经济增长的贡献。

表 3.11　改革开放以来上海的 GDP、劳动力和资本

年　份	Y	L	K
1978	272.81	698.32	361.3
1979	293.00	712.59	381.2
1980	317.55	730.77	404.4
1981	335.28	750.22	436.3
1982	359.29	764.03	481.2
1983	387.39	768.90	528.0
1984	432.40	769.79	584.9
1985	490.24	775.53	653.3
1986	511.79	782.99	732.3
1987	550.26	788.12	827.5
1988	605.91	792.13	936.4
1989	624.19	784.96	1 022.5
1990	646.01	787.72	1 107.8
1991	692.12	798.13	1 194.3
1992	794.42	806.91	1 312.5
1993	914.46	787.25	1 478.6
1994	1 047.04	786.04	1 727.6
1995	1 196.82	794.19	2 076.5
1996	1 353.68	851.21	2 499.0
1997	1 526.92	847.25	2 913.0
1998	1 684.06	836.21	3 304.6

续表

年　份	Y	L	K
1999	1 859.20	812.09	3 673.0
2000	2 063.81	828.35	4 042.6
2001	2 280.42	792.26	4 444.7
2002	2 538.22	829.72	4 917.3
2003	2 850.32	854.61	5 421.1
2004	3 255.17	978.31	5 999.5
2005	3 626.19	969.24	6 657.7
2006	4 086.69	1 005.24	7 397.1
2007	4 707.88	1 024.33	8 278.5
2008	5 164.57	1 053.24	9 180.8
2009	5 587.97	1 064.42	10 018.8
2010	6 163.60	1 090.76	10 777.8
2011	6 669.11	1 104.33	11 366.2
2012	7 169.17	1 115.50	11 974.0

注:Y、L 和 K 分别表示 GDP、劳动力和物质资本存量。在计算的过程中,对 GDP 进行了平减,得到了 1978 年不变价的 GDP。物质资本存量则利用永续盘存法进行计算,上海整体的折旧率取 5%。

资料来源:根据《上海统计年鉴》(历年)计算。

根据表 3.11 中的数据,利用 Stata12 软件进行线性回归,得到表 3.12 中的回归结果:

表 3.12　基本回归结果

	整　体 $\ln Y\_L$
$\ln K\_L$	0.462***
	(0.000)
t	0.0427***
	(0.000)
_cons	−0.780***
	(0.000)
N	35
R^2	0.996
adj.R^2	0.995
F(p-value)	0.000 0

注:括号内为 p 值,*** 表示在 1% 的水平上显著。

从回归结果来看,对上海的总量生产函数来说,资本的产出弹性为 0.462,劳动的产出弹性则为 1—0.462,即 0.538。根据式(3.1),再结合表 3.13 中 GDP、资本及劳动力的增长率,便可以得到 TFP 的增长率。

表 3.13　改革开放以来上海要素的增长率(%)

年　份	整　　体			
	GDP	资本存量	劳动力	TFP
1978				
1979	7.40	5.51	2.04	3.76
1980	8.38	6.09	2.55	4.19
1981	5.58	7.89	2.66	0.51
1982	7.16	10.29	1.84	1.42
1983	7.82	9.73	0.64	2.98
1984	11.62	10.78	0.12	6.58
1985	13.38	11.69	0.75	7.57
1986	4.40	12.09	0.96	−1.71
1987	7.52	13.00	0.66	1.16
1988	10.11	13.16	0.51	3.76
1989	3.02	9.19	−0.91	−0.74
1990	3.50	8.34	0.35	−0.55
1991	7.14	7.81	1.32	2.82
1992	14.78	9.90	1.10	9.62
1993	15.11	12.66	−2.44	10.57
1994	14.50	16.84	−0.15	6.80
1995	14.31	20.20	1.04	4.42
1996	13.11	20.35	7.18	−0.16
1997	12.80	16.57	−0.47	5.39
1998	10.29	13.44	−1.30	4.78
1999	10.40	11.15	−2.88	6.80
2000	11.01	10.06	2.00	5.28
2001	10.50	9.95	−4.36	8.24
2002	11.30	10.63	4.73	3.85
2003	12.30	10.25	3.00	5.95
2004	14.20	10.67	14.47	1.49
2005	11.40	10.97	−0.93	6.83
2006	12.70	11.11	3.71	5.57

续表

年 份	整 体			
	GDP	资本存量	劳动力	TFP
2007	15.20	11.92	1.90	8.67
2008	9.70	10.90	2.82	3.15
2009	8.20	9.13	1.06	3.41
2010	10.30	7.58	2.47	5.47
2011	8.20	5.46	1.24	5.01
2012	7.50	5.35	1.01	4.48
平均	9.79	10.52	1.35	4.20

从图 3.32 可以看出,改革开放以来,上海的 TFP 在绝大多数年份都呈现出正的增长率。总体上,可以以 1992 年为时间节点把上图分为两个阶段。在 1978—1991 年间,上海的 TFP 增长是较为缓慢的,并且波动比较大。这主要是因为上海尚处于计划经济向市场经济转轨的阶段,制度上的不健全导致了 TFP 增长速度的缓慢和剧烈波动。而自从 1992 年确立了市场经济的地位以后,上海的 TFP 在短期内出现了一个快速的增长,这一阶段是上海 TFP 增长的高峰,以至于后续年份的增长都不可能达到这样的高度而出现了回落。之后的时期内,在经历了 1997 年前后推行的国有企业改革,以及 2001 年加入世界贸易组织等阶段性冲击后,上海的 TFP 增长都曾有过一个短暂的跃升。而在金融危机期间,尤其是 2008 年,上海

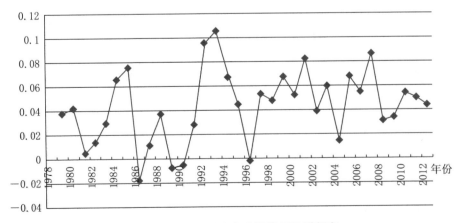

图 3.32　1978—2012 年上海的 TFP 增长率

的 TFP 增长也出现了明显的回落。但总体来讲,在 1997 年之后,上海的 TFP 增长一直都处于比较高的水平,而且表现比较稳定。在 1978—2012 年间,上海实现了年均 4.2％的 TFP 增长,这在一定程度上说明了上海的经济增长的可持续性。

进一步地,我们还可以测算出上海的经济增长源泉。各要素对上海经济增长的贡献如表 3.14 所示:

表 3.14　资本、劳动力和 TFP 对上海经济增长的贡献(％)

年　份	资　本	劳动力	TFP
1978			
1979	34.39	14.85	50.76
1980	33.56	16.38	50.06
1981	65.28	25.64	9.07
1982	66.40	13.83	19.77
1983	57.46	4.38	38.15
1984	42.86	0.54	56.61
1985	40.40	3.00	56.60
1986	127.11	11.77	−38.88
1987	79.92	4.69	15.40
1988	60.13	2.71	37.17
1989	140.83	−16.14	−24.69
1990	110.27	5.41	−15.68
1991	50.55	9.96	39.49
1992	30.94	4.00	65.06
1993	38.70	−8.67	69.97
1994	53.67	−0.57	46.90
1995	65.24	3.90	30.87
1996	71.73	29.47	−1.20
1997	59.82	−1.96	42.14
1998	60.36	−6.81	46.45
1999	49.53	−14.92	65.39
2000	42.25	9.79	47.96
2001	43.79	−22.33	78.54
2002	43.46	22.50	34.04
2003	38.50	13.12	48.37
2004	34.71	54.82	10.47
2005	44.48	−4.38	59.90

年　份	资　本	劳动力	TFP
2006	40.41	15.73	43.86
2007	36.22	6.72	57.06
2008	51.92	15.65	32.43
2009	51.45	6.96	41.59
2010	33.98	12.92	53.10
2011	30.76	8.16	61.08
2012	32.95	7.26	59.79
平均	49.65	7.40	42.94

从表 3.12 中可以看出,历年来,上海的经济增长主要是依靠物质资本投资以及 TFP 的增长来驱动的。平均而言,物质资本对经济增长的贡献度要更高。在 1978—2012 年间,物质资本贡献了上海经济增长的 49.65%,其次为 TFP 的贡献,达到了 42.94%。并且,物质资本的贡献在历年中都是正的,而 TFP 由于某些年份出现了负增长,可能会对经济增长产生负面影响。总体上可以看出,上海长期处于"投资驱动"和"创新驱动"双轮驱动的阶段。并且从时间趋势来看,近年来上海的 TFP 对上海经济增长的贡献在波动中上升,尤其是 2010 年以来,TFP 对经济增长的贡献甚至超过了物质资本的贡献,达到 50% 以上。这可能意味着,上海正处在从投资驱动向效率驱动或者创新驱动转型的关键时期。

3.4.2　上海市三次产业的全要素生产率测算

以上主要从整体方面测算了上海广义的 TFP。为了进行分产业的测算以及对全要素生产率进行分解,本部分采用数据包络分析(DEA)方法测算了 1978—2012 年上海市三次产业的技术进步指数、技术效率变化指数和全要素生产率指数,力求多角度分析上海产业创新发展的状态。

1. 数据来源及指标选取

关于总产出数据,采用上海市三次产业的增加值表示,并利用上海市三次产业的增加值指数对产业增加值进行平减,最终折算成以 1978 年不变价格计算的数值。数据来源于《2013 年上海统计年鉴》。

劳动投入采用上海市三次产业的从业人员数表示,数据来源于历年《上海统计年鉴》。资本投入采用永续盘存法测算上海市三次产业的物质资本存量。我们在估计一个基年的资本存量后,采用永续盘存法按 1978 年不变价格测算了上海市三次产业的资本存量,即:

$$K_t^j = K_{t-1}^j + I_t^j - D_t^j$$

其中:$j=1, 2, 3$;$t=1979, \cdots, 2012$。j 和 t 分别表示三次产业和年份。K_t^j 表示当年资本存量,K_{t-1}^j 表示上一年资本存量,I_t^j 表示当年投资,D_t^j 表示当年折旧。I_t^j 和 D_t^j 需利用投资平减指数进行平减。

在资本存量的测算中,基期(1978 年)资本存量的估算是最重要的一个步骤。目前,文献对基期资本存量的估计大致有以下几种:在估计全国基期资本存量时,通常是假定基期的资本产出比为某一具体数值或利用私人信息等估计,比如 Chow(1993) 与何枫等(2003)。在估计基期的省区资本存量时,有两种做法:一种是先估计全国基期资本存量,然后将其分配到各个省区,比如宋海岩等(2003)假定基期的省区资本存量相同,平均分配。另外一种做法是,基期的固定资本形成总额除以某个具体数值作为初始资本存量,比如 Young(2002)与张军等(2004)以 10% 作为分母。其实,这也是国际上通用的做法,如 Hall 和 Jones(1999)估计全球 127 个经济体 1960 年(基期)的资本存量所采用的公式就是 $I_{1960}^j/(0.06+g_I^j)$,其中 I_{1960}^j、0.06 和 g_I^j 分别是经济体 j 在 1960 年的投资、折旧率以及在 1960—1970 年投资的几何平均增长率。

尽管张军等(2004)已经估计出了各省区 1978 年的资本存量,但省区资本存量合计却只有全国资本存量的 72%,而且也缺乏将各省资本存量分配到各产业的合理方法。因此,采用与 Hall 和 Jones(1999)类似的方法估计,即:

$$K_{1978}^j = I_{1978}^j/(0.03+g_y^j)$$

其中,g_y^j 是 j 产业在 1978—2012 年的增长速度。之所以选择各产业的增长速度而不是投资的增长速度,是因为计算各产业投资的增长速度需要用到估计的投资平减指数,而各产业的增长速度则可以直接从《中国国内生产总值核算历史资料》(1952—2004)中获得。宋海岩等(2003)认为,中国官方使用的折旧率为 3.6%,本书取 3%。

当期投资指标方面,张军等(2004)详细地讨论了当年投资的选择,如物质产品平衡体系中的积累(accumulation)、全社会固定资产投资(total social fixed asset investment)、资本形成总额(gross capital formation)和固定资本形成总额(gross fixed capital formation),认为固定资本形成总额是衡量当年投资的合理指标。与 Young(2003)与张军等(2004)的选择一样,我们也采用上海市各产业的固定资本形成总额来度量当年投资。《中国国内生产总值核算历史资料》中包含上海市1978—2002 年三次产业的固定资本形成总额。2003—2012 年分产业固定资本形成总额数据缺失,但可从历年《上海统计年鉴》中查到全社会固定资产投资的分产业数据,因此,我们利用 2003—2012 年上海市三次产业的全社会固定资产投资数据来替代固定资本形成总额数据。

当期折旧方面,《中国国内生产总值核算历史资料》在按照收入法核算国内生产总值时提供折旧数据,即国内生产总值=劳动者报酬+固定资产折旧+生产税净额+营业盈余。因此,我们直接采用三次产业按照收入法核算时所提供的固定资产折旧数据,其中包含 1978—2002 年上海市三次产业固定资产折旧的数据序列。2003—2012 年分产业固定资产折旧数据缺失,当期折旧则参照已有研究,各产业的平均折旧率设定如下:第一产业为 4%,第二产业为 6%,第三产业为 6%。

投资平减指数的构造方面,《中国国内生产总值核算历史资料》能够提供上海市在 1978—2002 年以不变价格计算的(固定)资本形成价格平减指数,但并没有提供分产业的以不变价格计算的(固定)资本形成价格平减指数。因此,我们利用《中国国内生产总值核算历史资料》提供的数据,分三步估计 1978—2002 年上海市三次产业的固定资本形成价格平减指数,具体过程如下:

第一步,计算总 GDP 平减指数和分产业 GDP 平减指数(1978 年=100)。

$$P_t = GDP_t / Y_t \; ; \; P_{jt} = GDP_{jt} / Y_{jt}$$

其中,$j=1, 2, 3$ 分别代表三次产业,P 为 GDP 平减指数,GDP 为名义值,Y 为真实值。

第二步,计算总体的固定资本形成价格平减指数(1978 年=100)。

$$PIF_t = I_t / RI_t$$

其中,I 为固定资本形成总额的名义值,RI 为实际值。

第三步,计算分产业的固定资本形成价格平减指数(1978 年=100)。

$$PIF_{jt} = P_{jt} \times PIF_t / P_t$$

2003—2012 年上海市三次产业的固定资本形成价格平减指数缺失,则选用固定资产投资价格指数进行替代,但是上海市的固定资产投资价格指数始于 1990 年,且是以上年等于 100 的可比价格进行排列的,因此无法将 2003—2012 年上海市三次产业的全社会固定资产投资数据折算为以 1978 年为基期的数据,对此,我们将上海市 2002 年的固定资本形成价格平减指数(1978 年＝100)作为固定资产投资价格指数,然后通过对 2003—2012 年的固定资产投资价格指数进行连乘,得到以 1978 年为基期的固定资产投资价格指数,并利用上面三个步骤,依次计算出上海市三次产业的固定资产投资价格指数。

利用 DEAP2.1 软件,测算出上海市全要素生产率(TFP)、技术进步(TC)和技术效率(EC)的 Malmquist 指数。技术进步(TC)表示不同时期最优生产前沿的移动,即狭义的技术进步,是创新或引进先进技术的结果。技术变化所引起的增长效应不仅意味着短期产出水平的提高,而且带来经济增长的可持续性。技术效率(EC)表示既定时点的生产决策单位(DMU)向其最优生产前沿的移动,即制度变革等因素引起的技术进步。从投入角度看,技术效率是指在相同的产出下生产决策单位理想的最小可能性投入与实际投入的比率(Farrell,1957)。从产出角度看,技术效率是指在相同的投入下生产决策单位实际产出与理想的最大可能性产出的比率(Leibenstein,1966)。技术效率主要是制度变革等引起的效率提高(逼近最优生产前沿)的结果。技术效率的"追赶效应"导致实际产出增长,但这种效应会随着时间的流逝而消失。具体数据见下表 3.15。

表 3.15　1978—2012 年上海市三次产业 Malmquist 生产率指数及其分解

年份	相对变化值(环比)			年份	相对变化值(环比)			年份	相对变化值(环比)		
	第一产业				第二产业				第三产业		
	TC	EC	TFP		TC	EC	TFP		TC	EC	TFP
1978	1.000	1.000	1.000	1978	1.000	1.000	1.000	1978	1.000	1.000	1.000
1979	0.983	0.963	0.947	1979	0.996	1.000	0.996	1979	0.983	0.948	0.932
1980	0.959	0.980	0.939	1980	0.974	1.000	0.974	1980	0.959	1.151	1.103
1981	0.942	1.012	0.953	1981	0.967	1.000	0.967	1981	0.942	1.004	0.945
1982	0.910	1.332	1.211	1982	0.958	1.000	0.958	1982	0.910	1.082	0.984
1983	0.955	0.992	0.947	1983	0.992	1.000	0.992	1983	0.955	0.992	0.947

年份	相对变化值(环比)第一产业			年份	相对变化值(环比)第二产业			年份	相对变化值(环比)第三产业		
	TC	EC	TFP		TC	EC	TFP		TC	EC	TFP
1984	0.966	1.269	1.227	1984	1.009	1.000	1.009	1984	0.966	1.016	0.981
1985	1.009	0.751	0.758	1985	1.050	1.000	1.050	1985	1.009	0.966	0.974
1986	0.912	1.073	0.979	1986	0.961	1.000	0.961	1986	0.912	0.993	0.906
1987	0.937	1.026	0.961	1987	0.996	1.000	0.996	1987	0.937	0.987	0.925
1988	0.970	1.069	1.037	1988	1.026	1.000	1.026	1988	0.970	0.998	0.968
1989	0.929	1.031	0.958	1989	0.976	1.000	0.976	1989	0.929	1.031	0.958
1990	0.945	1.093	1.033	1990	0.982	1.000	0.982	1990	0.945	1.018	0.962
1991	1.005	0.982	0.987	1991	1.032	1.000	1.032	1991	1.005	0.992	0.997
1992	1.100	0.890	0.979	1992	1.136	1.000	1.136	1992	1.100	0.906	0.996
1993	1.055	0.908	0.958	1993	1.128	1.000	1.128	1993	1.063	0.919	0.977
1994	1.052	0.937	0.986	1994	1.114	1.000	1.114	1994	1.081	0.882	0.954
1995	1.057	0.991	1.048	1995	1.112	1.000	1.112	1995	1.112	0.872	0.969
1996	0.985	1.046	1.030	1996	1.031	1.000	1.031	1996	1.047	1.019	1.067
1997	1.027	1.006	1.034	1997	1.102	1.000	1.102	1997	1.146	0.936	1.073
1998	1.026	0.991	1.017	1998	1.096	1.000	1.096	1998	1.138	0.914	1.040
1999	1.053	0.960	1.011	1999	1.082	1.000	1.082	1999	1.104	1.035	1.143
2000	1.028	0.997	1.024	2000	1.077	1.000	1.077	2000	1.129	0.925	1.044
2001	1.040	0.985	1.024	2001	1.163	1.000	1.163	2001	1.159	0.875	1.015
2002	1.036	0.992	1.028	2002	1.056	1.000	1.056	2002	1.036	0.960	0.995
2003	1.051	1.065	1.119	2003	1.074	1.000	1.074	2003	1.051	1.000	1.051
2004	1.028	1.007	1.036	2004	0.963	1.000	0.963	2004	1.026	1.051	1.078
2005	0.997	0.988	0.985	2005	1.090	1.000	1.090	2005	0.997	1.055	1.051
2006	1.008	1.064	1.072	2006	1.053	1.000	1.053	2006	1.008	1.047	1.055
2007	0.999	1.104	1.103	2007	1.051	1.000	1.051	2007	0.999	1.104	1.104
2008	0.991	1.100	1.090	2008	1.030	1.000	1.030	2008	0.991	1.055	1.046
2009	0.956	1.110	1.061	2009	0.996	1.000	0.996	2009	0.956	1.088	1.040
2010	1.097	0.901	0.988	2010	1.105	1.000	1.105	2010	1.097	0.909	0.997
2011	1.030	1.018	1.048	2011	1.045	1.000	1.045	2011	1.030	1.025	1.056
2012	0.940	1.073	1.008	2012	0.990	1.000	0.990	2012	0.940	1.065	1.001

由于 Malmquist 指数是基于上一年的相对值,我们可以将 TFP 变化指数、技

术进步指数、技术效率指数各年的值以 1978 年为基期(1978 年＝1)进行换算,得到每年相对于基期的大小,如下图 3.33 所示。

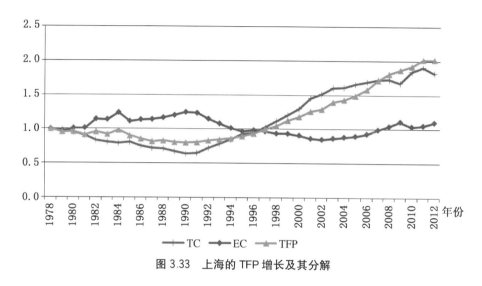

图 3.33　上海的 TFP 增长及其分解

从图 3.33 看到,1978 年以来,上海总体的 TFP 呈稳步上升的态势,年均增长率为 2.1%。从 TFP 的分解来看,技术进步年均增长率为 1.8%。特别是 1990 年以后,技术进步指数上升速度明显加快。技术效率指数年均增长率仅为 0.3%。在 1991 年之前略有上升,但是从 1990 年开始下滑,近几年改善程度也不大。由此可见,狭义技术进步和技术效率提高对上海全要素生产率的提高都有贡献,狭义技术进步的贡献更大,表明上海的产业在技术前沿上一直处于上升的态势,但制度的改革与调整对上海产业创新的效应并不显著。

同时,可以将三次产业 TFP 变化指数、技术进步指数、技术效率指数各年的值以 1978 年为基期(1978 年＝1)进行换算,得到每年相对于基期的大小,如图 3.34 所示。

1978—2012 年,上海第二产业的全要素生产率上升幅度最大,第一产业次之,第三产业最小。根据全要素生产率的分解可以看到,三次产业的技术进步都是改善的,仍然是第二产业的上升幅度最大,其次是第三产业,第一产业最小,第三产业的技术效率出现负增长,由于技术效率主要代表了制度等的效率,表示上海第三产业发展所需的制度环境还不利于上海生产率的提升。

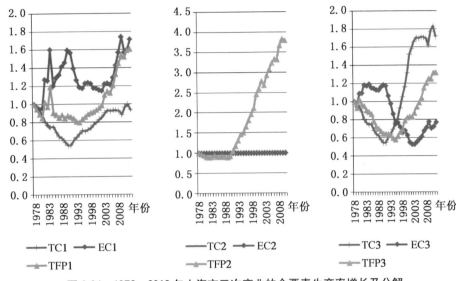

图 3.34　1978—2012 年上海市三次产业的全要素生产率增长及分解

3.5　基于要素密集度视角的上海产业转型升级分析

3.5.1　基于生产要素密集度划分产业的涵义与标准

1. 生产要素密集型产业划分的内涵

按生产要素的相对比例,我们可以将产业部门划分为劳动密集型产业、资本密集型产业和技术(知识)密集型产业。实际上,随着分工的深化,这种笼统的划分并不能完全反映产业发展的特性。这是因为,即使在劳动密集型产业中也存在着资本或者技术密集的环节,技术密集型产业也会存在劳动密集的环节。因此,从生产要素密集的角度对产业进行划分是一个相对、动态的概念,它的内涵与外延随着技术与经济的发展均在扩大。一般的观点认为,生产要素密集型产业遵循着由劳动密集型产业向资本密集型产业,进而向技术(知识)密集型产业依次演进的规律。但正如前面提到的,随着分工、技术进步以及产业形态的变化,有些产业的高端,如信息软件产业,以高人力资本投入为特征的高端服务业则呈现劳动密集型产业的特征;与此同时,生产要素密集型产业随着时间的推移也会发生动态的变化,如初期阶段是劳动密集型产业,随着产业装备的提升以及资本有机构成的提高,其逐渐也会发展成为资本密集型产业。因此,静态地以劳动密集、资本密集与技术密集来看待产业的发展往往会得出片面的结果,也会误导政府产业政策的制定。因此,我们就有必要以动态的视角来审视产业的要素密集度的发展特征与趋势,而且,有些产业完全可能具备两种生产要素密集的特征。

2. 生产要素密集型产业划分的标准

从现有的研究来看,基于生产要素密集度的产业划分方法有很多种,但运用最广的有两种:两分法和三分法。两分法实际上是两次划分,即先利用劳动与资本密集度把产业划分为劳动密集型和资本密集型产业,然后利用技术密集度指标把产业划分为技术密集型和非技术密集型产业,最终形成四种生产要素密集型产业。三分法则是将产业直接划分为劳动密集型、资本密集型和技术密集型产业(如图 3.35)。

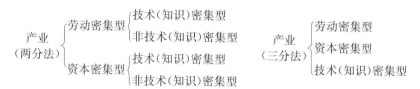

图 3.35　两分法产业划分与三分法产业划分的比较

这两种产业划分方法的最大区别在于能否将技术作为与劳动、资本相并列的投入要素。一般认为资本与劳动二者是泾渭分明的,但技术(知识)则不然,它会渗透到劳动和资本中去,要把技术(知识)与劳动和资本完全分开几乎是不可能的。如果不能完全提取凝结在劳动和资本上的技术,则两分法要优于三分法;如果能够找到一种方法提取技术,则这两种方法的差异很小。当然,还有其他更为细分的划分方法,如四分法(将产业分为劳动密集型、资本密集型、技术密集型、知识密集型)、七分法(资源密集型、劳动密集型、资本密集型、技术密集型、信息密集型、网络密集型和知识密集型)。从理论上讲,分类越细越有助于我们认识产业发展的规律,但现实中,往往由于要素之间融合程度的加深以及产业价值链分工的深化,要想完全分离各种要素存在较大的困难。因此,在实践中,我们往往采取两分法或者三分法来分析产业的要素密集度。

实际上,不管产业划分方法如何,关键是要找到合理刻画生产要素密集型产业的指标体系。大致上,度量产业要素密集度的指标分为属性指标和特征指标,属性指标是指反映要素密集度的指标,特征指标是指反映要素密集度在不同产业中的作用及其表现形式和结果的指标。有些研究也综合运用这些指标对产业的要素密集度进行度量。严格来说,依要素密集度对产业进行划分所采用的指标应该是属性指标(或者称之为投入指标),而非如产业的生产效率、附加值等特征指标(或者称之为产出指标),因为现实中劳动密集型产业不一定是低效率、低附加值的产业,而有一些高新技术产业也不一定是高效率、高附加值的产业。而且,属性指标也更能体现产业的生产特征。但从产业的对比研究而言,综合投入指标与产出指标能更好地观测产业发展的全貌。

基于此,根据属性指标或投入指标我们可以考察产业的要素密集度的动态发展情况,而根据特征指标或产出指标我们可以考察不同要素密集度产业的发展绩效。综合两方面的表现可以为我们制定产业发展战略与政策提供参考。

3. 生产要素密集型产业的评价指标

正如上面提到的,两分法和三分法的主要区别在于对于技术(知识)的分离。从实践来看,基于要素密集度来划分产业本身就是一种理论上的抽象,每个产业从一种生产要素密集型转化为另一种生产要素密集型的过程是渐进的,具有普遍的联系性和发展变化性,所以产业在生产要素密集型的归属上具有不明晰性。由此产业类型的划分本身就是一个模糊的概念,产业本身可能存在着明显的属性交叉性。基于此,我们在对产业属性进行划分时,原则上采用两次划分的思路,即先划分资本、劳动密集型产业,然后划分技术、非技术密集型产业,得出两组不同的指数值。这样每个产业的要素密集度均可通过表列或平面直角坐标系直观地予以表现。如图 3.36 所示,图中 X 轴表示技术(知识)—非技术(知识)密集度,Y 轴表示劳动—资本密集度,原点为平均值或者按某一标准确定的标准值。在衡量劳动—资本密集度方面,指标在平均值(标准值)之上的产业,为资本密集型,反之属于劳动密集型。在衡量技术(知识)—非技术(知识)密集度方面,指标值在原点右侧的属于技术密集型,左侧属于非技术密集型。这样,Ⅰ、Ⅱ、Ⅲ、Ⅳ象限分别表示技术—资本密集型产业、非技术—资本密集型产业,非技术—劳动密集型产业和技术—劳动密集型产业。理论上,我们还可以在上述分类的基础上进行更为细致的分类,如在象限中通过两条 45°等分线将象限进一步等分,则第Ⅰ象限中可以进一步分为偏向资本的技术—资本密集型和偏向技术的技术—资本密集型,其他类推。

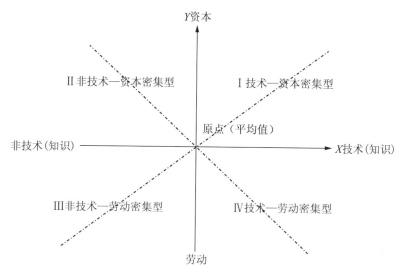

图 3.36 按要素密集度划分的产业

根据上述划分思路,我们要确定相应的指标,首先需要确定投入指标。在衡量资本—劳动密集度的投入指标方面,根据劳动与资本之间的替代关系以及要素的属性,采用两个主要的投入指标:人均固定资产=固定资产净值/从业人员数;劳动报酬在总成本中的比重=劳动报酬/成本费用。有的研究也采用了更多的指标,但一方面,这些指标的相关性非常高,另一方面从研究的可行性方面考虑,选取核心的指标即可。在衡量技术—非技术密集度的投入指标方面,一般用 R&D 经费支出占总产值的比重来表示,而实际上,在生产过程中,除了 R&D 经费支出外,还包括许多如技术购买、引进等其他支出,这些支出都会用于生产过程,因此,科技经费支出即科技经费内部支出+科技经费外部支出是一个更为准确的指标,而且,基于属性指标的考虑,应用科技经费支出在总成本中的比重来度量。因此,可用(科技经费内部支出+科技经费外部支出)/成本费用来表示技术(知识)的投入,用科技活动人员/从业人员数来表示高人力资本的投入。

在产出指标方面,可以采用全员劳动生产率=工业增加值/全部从业人员平均人数、增加值率=工业增加值/工业总产值、成本费用利润率=成本费用/利润总额、资本回报率=利润总额/(资产—负债)等表示产业发展绩效的指标。我们重点关注根据投入指标衡量的上海产业的生产要素密集度情况,产出指标只是作为产业生产结果的一个参照,用来分析不同生产要素密集型产业的发展绩效,通过这样的对比能为上海的产业调整决策提供一定的参考。

按照上述的思路,实际上可以从产业要素密集度的角度,结合产业发展的绩效将产业进行一下划分。要素密集度只是反映了产业的相对投入以及技术经济特征,并不必然代表产业的发展绩效。尽管我们传统上认为产业由劳动密集型产业向资本密集型产业乃至技术密集型产业转化是产业升级的表现,但我们认为现在的产业发展融入了高人力资本、智能化以及新型的产业发展模式。一个行业是劳动密集型的行业并不代表着就会被淘汰,因为其完全有可能是高素质人力资本密集的行业。同样,看似是技术密集型的行业也有可能是低技术含量的、生产绩效较差的行业,这也不是上海所需要发展的。因此,必须要综合考虑上述因素,才能科学认识上海产业未来调整的方向。

表 3.16 按要素密集度与产业发展绩效划分的产业

要素密集度	绩效	产业按要素密集度—绩效分类
技术—资本密集型	高	技术—资本密集—高绩效型
	低	技术—资本密集—低绩效型
非技术—资本密集型	高	非技术—资本密集—高绩效型
	低	非技术—资本密集—低绩效型
技术—劳动密集型	高	技术—劳动密集—高绩效型
	低	技术—劳动密集—低绩效型
非技术—劳动密集型	高	非技术—劳动密集—高绩效型
	低	非技术—劳动密集—低绩效型

3.5.2 上海生产要素密集型产业的测算与分类

1. 方法与数据说明

基于要素密集度划分产业时,方法的选择也比较重要,不同的方法对产业划分的临界值(阈值)的确定也不一样。目前研究一般采用平均密集度法确定相应的阈值,将所研究产业的平均密集度标准化为100,然后将各个产业的要素密集度进行相应的指数化并进行比较。另外,基于按照要素密集度划分产业的相对性,模糊聚类法也是一种较优的方法。

在这里,我们主要关注上海制造业的生产要素密集度的变化,由于我国在2002 年进行了国民经济分类方法的调整,因此,为了分析的一致性,我们的时间序列数据从 2003 年开始到 2012 年。这里还存在一个数据平减的问题,实际上,如果仅仅进行一个年度界面的划分比较,是不需要进行数据平减的,但如果要在各个年份之间进行比较,则就要进行数据平减。其中,固定资产净值用固定资产价格指数进行平减,劳动报酬、利润等用居民消费价格指数平减,工业总产值与工业增加值用工业品出厂价格指数平减,而许多指标是相对指标(相比之后无量纲),则不需要进行数据上的平减。数据基本上来源于历年的《上海统计年鉴》以及《中国统计年鉴》。在实际测算中,由于分行业工业增加值数据的缺失,我们用总产值替代。

2. 测算结果

由于产业按要素密集度的划分带有相对性,而且投入指标有多个,最好采用指标加权的方法或者模糊聚类法。而且我们可以进行静态和动态的分析,静态的年度分析主要考察各产业之间相对要素密集度的对比情况,动态的比较分析可以观察不同产业要素密集度的动态变化。

首先,我们运用指标加权的方法进行静态的分析,以 2012 年为例计算。先计算表示制造业资本以及劳动要素密集度的投入指标的平均值作为标准值(标准化为 100),然后将各产业的相应投入指标与之相对比进行标准化,最后将标准化后的表示资本与劳动要素密集度的投入指标相比(我们认为二者在反映资本与劳动要素密集度方面具有同等重要性)。综合指数(CLI)在 100 之上的产业为资本密集型,反之属于劳动密集型。同理,对技术与非技术密集度也可以进行同样的处理。将资本—劳动密集度与技术—非技术密集度结合起来考虑,我们就可以将所有类型的产业放在图 3.36 中的坐标系中,这样不仅可以看出产业所属的生产要素密集型类别,还可以观察每个产业的相对位置。需要特别指出的是,我们进行的要素密集度分析只是单纯从生产要素密集型产业划分的内涵出发,从要素投入的角度进行的分类,并不代表对其产业发展绩效的任何预先判断,这可能会与我们对传统意义上的产业的认识有一些不同,但正如前面提到的,产业的要素密集度与产业发展绩效之间并没有必然的联系,而且,随着技术以及分工的发展,传统的产业分类实际上在内涵与外延上都有了很大的拓展,其发展也不能用传统的产业调整策略与政策来简单地推进。

由表 3.17 可知,按照 2012 年的数据进行计算的结果显示,属于资本密集型产业的有农副食品加工业、造纸及纸制品业和石油加工、炼焦及核燃料加工业,以及化学原料及化学制品制造业、化学纤维制造业、黑色金属冶炼及压延加工业、有色金属冶炼及压延加工业、交通运输设备制造业、废弃资源和废旧材料回收加工业。其中传统意义上的农副食品加工业、造纸及纸制品业的资本有机构成已经有了很大的提高。但还有一些传统上属于资本密集型的产业如通用设备制造业、专用设备制造业、电气机械及器材制造业的资本有机构成并不高。一方面可能是因为上海的这些产业投资较少,资本有机构成并不高,另一方面也表明这些产业对劳动的依赖程度较高,这种依赖可能是对高素质人力资本的依赖较高。这些也从表 3.17 中得到了印证,这些产业确实都属于技术密集型产业。

表 3.17　2012 年上海制造业的资本—劳动密集度

	固定资产净值/从业人员数(万元/人)	资本要素密集度标准化指数(CI)	劳动报酬/密集度成本费用	劳动要素密集度标准化指数(LI)	综合指数(CLI)＝CI/LI＊100(%)
平均值	22.079	100	0.047 7	100	100
农副食品加工业	11.640	52.72	0.022 9	47.94	109.97
食品制造业	17.012	77.05	0.068 6	143.79	53.59
饮料制造业	29.852	135.20	0.115 2	241.58	55.96
烟草制品业	112.244	508.37	0.077 2	161.88	314.05
纺织业	9.848	44.60	0.052 8	110.76	40.27
纺织服装、鞋、帽制造业	4.638	21.01	0.088 0	184.47	11.39
皮革、毛皮、羽毛(绒)及其制品业	3.970	17.98	0.062 2	130.43	13.79
木材加工及木、竹、藤、棕、草制品业	10.849	49.14	0.058 8	123.24	39.87
家具制造业	6.280	28.44	0.055 9	117.29	24.25
造纸及纸制品业	25.614	116.01	0.041 7	87.43	132.69
印刷业和记录媒介的复制	21.174	95.90	0.094 6	198.29	48.36
文教体育用品制造业	7.501	33.97	0.032 0	67.17	50.57

续表

	固定资产净值/从业人员数（万元/人）	资本要素密集度标准化指数(CI)	劳动报酬/密集度成本费用	劳动要素密集度标准化指数(LI)	综合指数(CLI)＝CI/LI＊100(％)
石油加工、炼焦及核燃料加工业	117.981	534.36	0.012 6	26.34	2 028.70
化学原料及化学制品制造业	64.374	291.56	0.034 9	73.13	398.69
医药制造业	18.975	85.94	0.112 5	235.82	36.44
化学纤维制造业	37.026	167.70	0.043 2	90.53	185.24
塑料制品业和橡胶制品业	16.714	75.70	0.074 0	155.03	48.83
非金属矿物制品业	20.024	90.69	0.063 8	133.72	67.82
黑色金属冶炼及压延加工业	120.515	545.84	0.032 1	67.21	812.14
有色金属冶炼及压延加工业	26.585	120.41	0.022 9	47.97	251.01
金属制品业	12.456	56.42	0.066 3	138.99	40.59
通用设备制造业	21.201	96.02	0.059 5	124.73	76.98
专用设备制造业	18.333	83.03	0.086 5	181.42	45.77
交通运输设备制造业	30.283	137.16	0.039 8	83.50	164.26
电气机械及器材制造业	13.003	58.89	0.048 4	101.49	58.03
通信设备、计算机及其他电子设备制造业	15.917	72.09	0.040 9	85.69	84.13
仪器仪表及文化、办公用机械制造业	9.392	42.54	0.112 1	234.91	18.11
工艺品及其他制造业	17.759	80.44	0.112 5	235.86	34.10
废弃资源和废旧材料回收加工业	41.667	188.72	0.035 2	73.80	255.72

由表3.18可知,医药制造业、黑色金属冶炼及压延加工业、通用设备制造业、专用设备制造业、交通运输设备制造业、电气机械及器材制造业与仪器仪表及文化、办公用机械制造业属于技术密集型产业。将上述两张表的数据放在四象限的坐标图中,可以得到图3.37,其中由于石油加工、炼焦及核燃料加工业和黑色金属冶炼及压延加工业的资本有机构成较高(分别达到2 028.70和812.14),为了直观的认识,没有

将其放在图中,这二者分别属于非技术—资本密集型和技术—资本密集型产业。

表 3.18　2012 年上海制造业的技术—非技术密集度

	科技经费支出/成本费用	科技经费投入标准化指数(TTI)	科技活动人员/从业人员数	科技人才投入标准化指数(TLI)	综合指数(TI)＝TTI＊50％＋TLI＊50％
平均值	0.020 8	100	0.074 8	100	100
农副食品加工业	0.004 4	21.22	0.029 5	39.61	30.41
食品制造业	0.005 1	24.54	0.013 0	17.46	21.00
饮料制造业	0.005 4	25.98	0.029 4	39.35	32.67
烟草制品业	0.035 0	168.35	0.169 0	225.97	197.16
纺织业	0.009 1	43.98	0.032 4	43.45	43.71
纺织服装、鞋、帽制造业	0.001 8	8.49	0.004 5	6.03	7.26
皮革、毛皮、羽毛(绒)及其制品业	0.000 5	2.46	0.001 6	2.18	2.32
木材加工及木、竹、藤、棕、草制品业	0.002 9	13.78	0.012 9	17.35	15.56
家具制造业	0.015 8	76.02	0.033 8	45.33	60.68
造纸及纸制品业	0.009 2	44.13	0.025 1	33.66	38.90
印刷业和记录媒介的复制	0.018 5	89.03	0.059 3	79.48	84.26
文教体育用品制造业	0.002 8	13.33	0.023 9	32.06	22.70
石油加工、炼焦及核燃料加工业	0.001 5	7.39	0.056 7	75.94	41.66
化学原料及化学制品制造业	0.013 6	65.29	0.091 1	122.10	93.69
医药制造业	0.048 6	233.79	0.122 6	164.37	199.08
化学纤维制造业	0.023 6	113.25	0.053 3	71.49	92.37
塑料制品业和橡胶制品业	0.016 2	77.83	0.042 4	56.86	67.35
非金属矿物制品业	0.016 2	78.08	0.060 2	80.74	79.41
黑色金属冶炼及压延加工业	0.028 0	134.66	0.124 5	166.86	150.76
有色金属冶炼及压延加工业	0.011 0	52.83	0.067 3	90.23	71.53
金属制品业	0.010 0	48.09	0.034 2	45.83	46.96

续表

	科技经费支出/成本费用	科技经费投入标准化指数(TTI)	科技活动人员/从业人员数	科技人才投入标准化指数(TLI)	综合指数 (TI)＝TTI＊50%＋TLI＊50%
通用设备制造业	0.026 9	129.09	0.092 2	123.61	126.35
专用设备制造业	0.030 7	147.74	0.122 4	164.04	155.89
交通运输设备制造业	0.035 0	168.39	0.127 8	171.38	169.88
电气机械及器材制造业	0.025 8	124.17	0.103 0	138.03	131.10
通信设备、计算机及其他电子设备制造业	0.015 8	75.92	0.072 4	97.08	86.50
仪器仪表及文化、办公用机械制造业	0.040 6	195.13	0.134 8	180.70	187.92
工艺品及其他制造业	0.005 7	27.25	0.022 5	30.16	28.71
废弃资源和废旧材料回收加工业	0.003 9	18.69	0.025 7	34.47	26.58

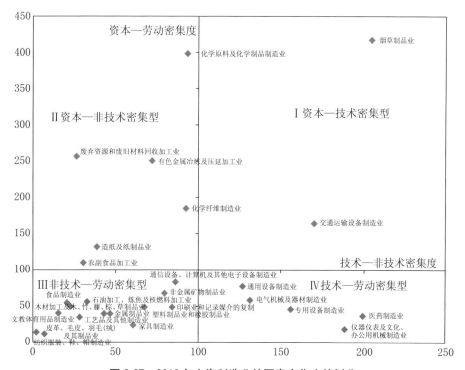

图 3.37　2012 年上海制造业的要素密集度的划分

当然,各种类型的产业的发展绩效也存在较大的差异(见表 3.19):属于劳动密集型产业,并不代表其发展绩效较低(如家具行业的资本回报率和成本费用利润率就较高),属于资本和技术密集型产业,也不一定代表其发展绩效较高(如石油行业的资本回报率和成本费用利润率为负)。理论上,我们可以对表示产业发展的绩效产出指标进行指数化处理,然后和每一个行业的要素密集度进行交叉,可以对每个产业进行分类分析。

表 3.19 2012 年上海制造业的产业发展绩效

	全员劳动生产率(万元/人)	成本费用利润率	资本回报率
均值	**151**	**0.063 6**	**0.149 1**
农副食品加工业	109.805	0.046 8	0.162 6
食品制造业	73.906	0.079 0	0.193 8
饮料制造业	69.439	0.054 6	0.095 7
烟草制品业	1 841.585	1.705 6	0.212 7
纺织服装、鞋、帽制造业	39.649	0.063 9	0.143 9
皮革、毛皮、羽毛(绒)及其制品业	44.331	0.065 1	0.091 5
木材加工及木、竹、藤、棕、草制品业	62.975	0.035 6	0.086 7
家具制造业	56.684	0.118 1	0.350 8
造纸及纸制品业	82.049	0.059 7	0.128 3
印刷业和记录媒介的复制	56.392	0.102 6	0.144 4
文教体育用品制造业	103.149	0.046 9	0.260 1
石油加工、炼焦及核燃料加工业	768.206	−0.016 9	−0.101 4
化学原料及化学制品制造业	217.654	0.049 1	0.108 3
医药制造业	81.463	0.145 7	0.188 4
化学纤维制造业	97.256	0.038 7	0.060 8
塑料制品业和橡胶制品业	61.505	0.055 3	0.105 6
非金属矿物制品业	76.879	0.045 6	0.083 2
黑色金属冶炼及压延加工业	346.255	0.064 1	0.101 5
有色金属冶炼及压延加工业	180.684	0.016 1	0.059 3
金属制品业	59.158	0.070 3	0.159 6
通用设备制造业	102.104	0.067 1	0.128 7
专用设备制造业	86.271	0.070 1	0.116 2
交通运输设备制造业	170.372	0.139 4	0.269 8
电气机械及器材制造业	90.255	0.049 6	0.122 1
通信设备、计算机及其他电子设备制造业	122.843	0.017 0	0.079 7
仪器仪表及文化、办公用机械制造业	69.620	0.100 6	0.177 8
工艺品及其他制造业	49.435	0.101 9	0.124 9
废弃资源和废旧材料回收加工业	151.000	0.024 1	0.082 2

对三个产业发展绩效指标(全员劳动生产率、成本费用利润率、资本回报率)的数据进行标准化得到指数值,进而得到各行业的产业发展绩效综合指数。我们将各行业的产业发展绩效综合指数进行排序,按照四分位数的统计方法依次分为"高、中高、中低、低"产业发展绩效四类(见表 3.20)。

表 3.20　2012 年上海制造业按产业发展绩效的排序及分类

排序		全员劳动生产率标准化指数(列1)	成本费用利润率标准化指数(列2)	资本回报率标准化指数(列3)	产业发展绩效综合指数(列1+列2+列3)*1/3	产业发展绩效
1	烟草制品业	1 591.456	2 443.597	138.720	1 391.258	
2	石油加工、炼焦及核燃料加工业	663.866	−24.148	−66.171	191.182	
3	交通运输设备制造业	147.231	199.749	175.998	174.326	
4	黑色金属冶炼及压延加工业	299.226	91.763	66.228	152.406	高
5	家具制造业	48.985	169.244	228.828	149.019	
6	医药制造业	70.399	208.675	122.922	133.999	
7	化学原料及化学制品制造业	188.092	70.355	70.661	109.703	
8	文教体育用品制造业	89.139	67.251	169.655	108.682	
9	仪器仪表及文化、办公用机械制造业	60.164	144.183	116.006	106.784	
10	食品制造业	63.868	113.245	126.446	101.186	
11	印刷业和记录媒介的复制	48.733	146.991	94.223	96.649	中高
12	工艺品及其他制造业	42.721	146.058	81.498	90.093	
13	通用设备制造业	88.236	96.117	83.962	89.438	
14	农副食品加工业	94.891	67.028	106.055	89.325	
15	金属制品业	51.123	100.733	104.140	85.332	
16	专用设备制造业	74.554	100.441	75.789	83.595	
17	造纸及纸制品业	70.905	85.486	83.667	80.020	
18	电气机械及器材制造业	77.996	71.023	79.646	76.222	
19	纺织服装、鞋、帽制造业	34.264	91.603	93.885	73.251	中低
20	废弃资源和废旧材料回收加工业	130.491	34.492	53.615	72.866	
21	有色金属冶炼及压延加工业	156.143	23.037	38.661	72.614	
22	塑料制品业和橡胶制品业	53.151	79.290	68.852	67.098	

排序		全员劳动生产率标准化指数（列 1）	成本费用利润率标准化指数（列 2）	资本回报率标准化指数（列 3）	产业发展绩效综合指数(列 1＋列 2＋列 3) ＊1/3	产业发展绩效
23	饮料制造业	60.007	78.228	62.422	66.886	
24	皮革、毛皮、羽毛（绒）及其制品业	38.310	93.242	59.713	63.755	
25	纺织业	49.614	80.777	59.581	63.324	
26	非金属矿物制品业	66.437	65.352	54.254	62.014	低
27	通信设备、计算机及其他电子设备制造业	106.158	24.345	51.976	60.826	
28	化学纤维制造业	84.047	55.512	39.683	59.747	
29	木材加工及木、竹、藤、棕、草制品业	54.421	50.977	56.529	53.976	

由上表可知，四种生产要素密集型产业类型基本上均包含高、中高、中低、低产业发展绩效的产业。例如，虽然家具制造业和纺织业都属于"非技术—劳动密集型产业"，但二者的产业发展绩效却有着天壤之别。家具制造业是高产业发展绩效产业，而纺织业却存在低产业发展绩效的问题。可见，为了对上海制造业各产业的发展情况有更深入和透彻的认识，必须对每个产业进行分类别的产业发展绩效分析。当然，这种以截面数据进行的静态分析只能反映 2012 年的情况，要想全面反映产业的发展趋势，我们可以对 2003—2012 年的数据进行跨年度的全面分析，以把握其动态变化（具体的原始数据和年度的要素密集度的划分象限图见附录 2）。按照前文对 2012 年上海制造业分产业的生产要素密集型分类方法，我们利用 2003—2012 年的数据对上海制造业各产业的分类情况进行如表 3.21的梳理。从上海产业的要素密集度来看，总体上非技术—劳动密集型产业占的比重依然较大，表明上海产业的转型升级任务仍然严峻。产业的升级既包括新兴产业的发展，也包括传统产业的改造提升，可以通过技术的渗透以及高素质人力资本的融合来提升产业发展的能级，以此来提高上海产业的自主发展能力与获利能力。

表 3.21 2003—2012 年上海制造业各产业按要素密集度分类

年份	Ⅰ技术—资本 密集型	Ⅱ非技术—资本 密集型	Ⅲ非技术— 劳动密集型	Ⅳ技术— 劳动密集型
2003	石油加工、炼焦及核燃料加工业,黑色金属冶炼及压延加工业,通信设备、计算机及其他电子设备制造业,烟草制品业,有色金属冶炼及压延加工业,交通运输设备制造业(6个)	农副食品加工业,饮料制造业,木材加工及木、竹、藤、棕、草制品业,造纸及纸制品业,化学原料及化学制品制造业,化学纤维制造业(6个)	食品制造业,纺织业,纺织服装、鞋、帽制造业,皮革、毛皮、羽毛(绒)及其制品业,家具制造业,印刷业和记录媒介的复制,文教体育用品制造业,橡胶制品业,塑料制品业,非金属矿物制品业,金属制品业,电气机械及器材制造业,工艺品及其他制造业,废弃资源和废旧材料回收加工业(14个)	医药制造业,通用设备制造业,专用设备制造业,仪器仪表及文化、办公用机械制造业(4个)
2004	石油加工、炼焦及核燃料加工业,黑色金属冶炼及压延加工业,通信设备、计算机及其他电子设备制造业,烟草制品业,化学原料及化学制品制造业(5个)	农副食品加工业,木材加工及木、竹、藤、棕、草制品业,造纸及纸制品业,化学纤维制造业,有色金属冶炼及压延加工业(5个)	食品制造业,纺织业,纺织服装、鞋、帽制造业,皮革、毛皮、羽毛(绒)及其制品业,家具制造业,印刷业和记录媒介的复制,文教体育用品制造业,橡胶制品业,塑料制品业,非金属矿物制品业,金属制品业,电气机械及器材制造业,工艺品及其他制造业,废弃资源和废旧材料回收加工业,饮料制造业(15个)	医药制造业,通用设备制造业,专用设备制造业,仪器仪表及文化、办公用机械制造业,交通运输设备制造业(5个)
2005	石油加工、炼焦及核燃料加工业,黑色金属冶炼及压延加工业,通信设备、计算机及其他电子设备制造业,烟草制品业(4个)	农副食品加工业,造纸及纸制品业,化学纤维制造业,有色金属冶炼及压延加工业,化学原料及化学制品制造业,废弃资源和废旧材料回收加工业(6个)	食品制造业,纺织业,纺织服装、鞋、帽制造业,皮革、毛皮、羽毛(绒)及其制品业,家具制造业,印刷业和记录媒介的复制,文教体育用品制造业,橡胶制品业,塑料制品业,非金属矿物制品业,金属制品业,电气机械及器材制造业,工艺品及其他制造业,木材加工及木、竹、藤、棕、草制品业,饮料制造业(15个)	医药制造业,通用设备制造业,专用设备制造业,仪器仪表及文化、办公用机械制造业,交通运输设备制造业(5个)

续表

年份	Ⅰ技术—资本密集型	Ⅱ非技术—资本密集型	Ⅲ非技术—劳动密集型	Ⅳ技术—劳动密集型
2006	石油加工、炼焦及核燃料加工业,黑色金属冶炼及压延加工业,通信设备、计算机及其他电子设备制造业,烟草制品业(4个)	农副食品加工业,造纸及纸制品业,化学纤维制造业,有色金属冶炼及压延加工业,化学原料及化学制品制造业,废弃资源和废旧材料回收加工业,饮料制造业(7个)	食品制造业,纺织业,纺织服装、鞋、帽制造业,皮革、毛皮、羽毛(绒)及其制品业,家具制造业,印刷业和记录媒介的复制,文教体育用品制造业,橡胶制品业,塑料制品业,非金属矿物制品业,金属制品业,电气机械及器材制造业,工艺品及其他制造业,木材加工及木、竹、藤、棕、草制品业(14个)	医药制造业,通用设备制造业,专用设备制造业,仪器仪表及文化、办公用机械制造业,交通运输设备制造业(5个)
2007	黑色金属冶炼及压延加工业,通信设备、计算机及其他电子设备制造业,烟草制品业,交通运输设备制造业(4个)	农副食品加工业,造纸及纸制品业,化学纤维制造业,有色金属冶炼及压延加工业,化学原料及化学制品制造业,废弃资源和废旧材料回收加工业,饮料制造业,纺织服装、鞋、帽制造业,石油加工、炼焦及核燃料加工业(9个)	食品制造业,纺织业,皮革、毛皮、羽毛(绒)及其制品业,家具制造业,印刷业和记录媒介的复制,文教体育用品制造业,橡胶制品业,塑料制品业,非金属矿物制品业,金属制品业,工艺品及其他制造业,木材加工及木、竹、藤、棕、草制品业,专用设备制造业(13个)	医药制造业,通用设备制造业,仪器仪表及文化、办公用机械制造业,电气机械及器材制造业(4个)
2008	黑色金属冶炼及压延加工业,通信设备、计算机及其他电子设备制造业,烟草制品业,交通运输设备制造业(4个)	农副食品加工业,造纸及纸制品业,化学纤维制造业,有色金属冶炼及压延加工业,化学原料及化学制品制造业,废弃资源和废旧材料回收加工业,饮料制造业,石油加工、炼焦及核燃料加工业(8个)	食品制造业,纺织业,皮革、毛皮、羽毛(绒)及其制品业,家具制造业,印刷业和记录媒介的复制,文教体育用品制造业,橡胶制品业,塑料制品业,非金属矿物制品业,金属制品业,工艺品及其他制造业,木材加工及木、竹、藤、棕、草制品业,专用设备制造业,纺织服装、鞋、帽制造业,电气机械及器材制造业(15个)	医药制造业,通用设备制造业,仪器仪表及文化、办公用机械制造业(3个)

年份	Ⅰ技术—资本密集型	Ⅱ非技术—资本密集型	Ⅲ非技术—劳动密集型	Ⅳ技术—劳动密集型
2009	黑色金属冶炼及压延加工业,通信设备、计算机及其他电子设备制造业,烟草制品业,交通运输设备制造业(4个)	农副食品加工业,造纸及纸制品业,化学纤维制造业,有色金属冶炼及压延加工业,化学原料及化学制品制造业,废弃资源和废旧材料回收加工业,饮料制造业,石油加工、炼焦及核燃料加工业(8个)	食品制造业,纺织业,皮革、毛皮、羽毛(绒)及其制品业,家具制造业,印刷业和记录媒介的复制,文教体育用品制造业,橡胶制品业,塑料制品业,非金属矿物制品业,金属制品业,工艺品及其他制造业,木材加工及木、竹、藤、棕、草制品业,纺织服装、鞋、帽制造业(13个)	医药制造业,通用设备制造业,仪器仪表及文化、办公用机械制造业,专用设备制造业,电气机械及器材制造业(5个)
2010	黑色金属冶炼及压延加工业,通信设备、计算机及其他电子设备制造业,交通运输设备制造业(3个)	农副食品加工业,造纸及纸制品业,化学纤维制造业,有色金属冶炼及压延加工业,化学原料及化学制品制造业,废弃资源和废旧材料回收加工业,饮料制造业,石油加工、炼焦及核燃料加工业(8个)	食品制造业,纺织业,皮革、毛皮、羽毛(绒)及其制品业,家具制造业,印刷业和记录媒介的复制,文教体育用品制造业,橡胶制品业,塑料制品业,非金属矿物制品业,金属制品业,工艺品及其他制造业,木材加工及木、竹、藤、棕、草制品业,纺织服装、鞋、帽制造业(13个)	医药制造业,通用设备制造业,仪器仪表及文化、办公用机械制造业,专用设备制造业,电气机械及器材制造业,烟草制品业(6个)
2011	黑色金属冶炼及压延加工业,烟草制品业,交通运输设备制造业(3个)	农副食品加工业,造纸及纸制品业,化学纤维制造业,有色金属冶炼及压延加工业,化学原料及化学制品制造业,废弃资源和废旧材料回收加工业,石油加工、炼焦及核燃料加工业,通信设备、计算机及其他电子设备制造业,工艺品及其他制造业(9个)	食品制造业,饮料制造业,纺织业,纺织服装、鞋、帽制造业,皮革、毛皮、羽毛(绒)及其制品业,木材加工及木、竹、藤、棕、草制品业,家具制造业,印刷业和记录媒介的复制,文教体育用品制造业,橡胶制品业,塑料制品业,非金属矿物制品业,金属制品业(13个)	医药制造业,通用设备制造业,仪器仪表及文化、办公用机械制造业,专用设备制造业,电气机械及器材制造业(5个)

年份	Ⅰ技术—资本密集型	Ⅱ非技术—资本密集型	Ⅲ非技术—劳动密集型	Ⅳ技术—劳动密集型
2012	黑色金属冶炼及压延加工业,烟草制品业,交通运输设备制造业(3个)	农副食品加工业,造纸及纸制品业,化学纤维制造业,有色金属冶炼及压延加工业,化学原料及化学制品制造业,废弃资源和废旧材料回收加工业,石油加工、炼焦及核燃料加工业(7个)	食品制造业,饮料制造业,纺织业,纺织服装、鞋、帽制造业,皮革、毛皮、羽毛(绒)及其制品业,木材加工及木、竹、藤、棕、草制品业,家具制造业,印刷业和记录媒介的复制,文教体育用品制造业,塑料制品业和橡胶制品业,非金属矿物制品业,金属制品业,通信设备、计算机及其他电子设备制造业,工艺品及其他制造业(14个)	医药制造业,通用设备制造业,仪器仪表及文化、办公用机械制造业,专用设备制造业,电气机械及器材制造业(5个)

注:2012年原"塑料制品业"和"橡胶制品业"两项合并为"塑料制品业和橡胶制品业"一项。

另外,结合表 3.21 与表 3.20,最终可以得到按要素密集度与产业发展绩效划分的产业表(见表 3.22)。表 3.22 清晰地给出了上海制造业各行业的发展情况。第一,四类生产要素密集型产业的产业发展绩效有明显差异。"技术—资本密集型产业"和"技术—劳动密集型产业"所包含的行业绝大部分属于"高"或"中高"产业发展绩效行业。反观"非技术—资本密集型产业"和"非技术—劳动密集型产业"两种类型下的行业则呈现"高"、"低"产业发展绩效混合的现状。这比较符合传统逻辑和产业发展的未来趋势:技术要素将会在行业发展中发挥越来越重要的作用,也将是决定产业发展绩效高低的关键因素之一。第二,具有传统比较优势的制造业行业的产业发展绩效偏低。例如,纺织业,纺织服装、鞋、帽制造业,农副食品加工业,有色金属冶炼及压延加工业等传统加工制造业的产业发展绩效均徘徊在"中低"或"低"产业发展绩效的水平。

以上分析结果对上海制造业未来发展和调整方向的启示有:第一,进一步加强科技创新和技术提升,提高各类型产业的技术要素质量。总的来说,技术密集型产业的产业发展绩效表现优于非技术密集型产业,因此增加对技术要素的投入有助

表 3.22　按要素密集度与产业发展绩效划分的产业表

要素密集度	绩效	产业按要素密集度—绩效分类
技术—资本密集型	高	黑色金属冶炼及压延加工业 烟草制品业 交通运输设备制造业
	中高	
	中低	通信设备、计算机及其他电子设备制造业
	低	
非技术—资本密集型	高	化学原料及化学制品制造业 石油加工、炼焦及核燃料加工业
	中高	废弃资源和废旧材料回收加工业
	中低	农副食品加工业 有色金属冶炼及压延加工业
	低	造纸及纸制品业 化学纤维制造业
非技术—劳动密集型 （或劳动—非技术密集型）	高	家具制造业
	中高	食品制造业 饮料制造业 皮革、毛皮、羽毛（绒）及其制品业 印刷业和记录媒介的复制 工艺品及其他制造业
	中低	纺织服装、鞋、帽制造业 金属制品业
	低	纺织业 文教体育用品制造业 塑料制品业和橡胶制品业 非金属矿物制品业
技术—劳动密集型 （或劳动—技术密集型）	高	医药制造业 仪器仪表及文化、办公用机械制造业
	中高	通用设备制造业 电气机械及器材制造业
	中低	专用设备制造业
	低	

注：表中的分类以落在相应类型产业中最多次数来划分且以 2012 年上海制造业的具体产业划分为依据。

于提升产业发展绩效水平。针对"非技术—资本密集型产业"和"非技术—劳动密集型产业"的"中低"产业发展绩效行业,进行适当和合理的技术改造可以增加其行业附加值,进而改变低产业发展绩效的面貌。第二,提升劳动力素质来激发产出潜力。针对具有传统比较优势的劳动密集型产业,着力融入高人力资本、智能化的新发展模式,用高素质的人力资本实现产业的转型升级。例如,通用设备制造业属于"技术—劳动密集型产业",大力培养机械制造高素质人才,同时制定多项优惠政策招揽海外优秀专家将大大促进该行业的高质量人力资本的积累和发挥作用。第三,对各个低水平产业发展绩效的行业对症下药进行调整。例如,通信设备、计算机及其他电子设备制造业是"技术—资本密集型产业"中的中低产业发展绩效行业,深入分析其产出表现可以观察到,该行业的成本费用利润率和资本回报率两项指标均远低于行业平均水平(如表3.19)。因此,对通信设备、计算机及其他电子设备制造业的下一步调整方向应该是集中精力降低其成本费用,提高行业利润。

3.5.3 推动上海产业转型升级的对策建议

基于上述的分析,我们认为上海产业转型升级既要提升传统要素资源的配置效率,以结构转化和全要素生产率的提升促进产业的转型升级,更要培育新的技术、新的商业模式、新的产业、新的业态,以创新经济激活产业存量、形成新的经济增长点,破解经济转型发展难题。

1. 创新投资体制机制,提高投资的效率

投资以及资本形成本身是经济增长与发展的基础所在,上海乃至我国在高速增长阶段所依赖的是粗放的投资模式,在经济发展进入中高速增长的"新常态"阶段,首先需要转变投资模式,提升投资对经济增长的驱动的质量。实际上,新产业、新业态、新产品本身就存在广阔的投资空间,但有利于技术进步的更新改造的投资缺口巨大。将资金投到这些领域,不仅不会造成产能过剩,还能为跨入中高端发展阶段夯实"地基",把资金用到刀刃上,实现经济的内涵式增长。未来,上海必须加快以提高资本形成效率为核心推动相关领域的改革。其中的关键在于创新投资体制机制;要切实推进备案制管理,尽可能缩小企业投资项目的核准范围,打破条块分割、市场分割，保障企业和个人的投资自主权；进一步开放社会投资领域，尽可能地减少对投资者的资质要求、股比限制、经营范围限制等准入限制措施，提高投资便利化程度；加快完善特许经营管理制度，清理和消除各类隐性壁垒。总体而言，就是要以负面清单管理市场，用正面清单监督政府，政府应该履行好应有的职责，发挥有效市场和有为政府的合力，进一步盘活上海的投资资源，加快形成"统一开放，竞争有序"的市场体系，释放市场投资主体活力。

2. 打造集聚高端人才的平台，增强高端人才的本土根植性

上海产业结构的转型升级，在很大程度上依赖于科技创新和一大批高层次、高技能的领军型人才，高端领军型人才通常是产业形成和突破的核心推动者，一个领军人才可以催生一个大产业。上海产业的升级，需要高端劳动力的支撑，把高端人才放在绝对重要位置，将是上海走创新驱动之路的内在要求，也是上海转型发展的核心要素。但高端人才战略绝不仅仅是培育或者引进人才这样简单的工作，更为重要的是要发挥高端人才对产业发展的关键支撑作用，对人才队伍建设的引领带动作用，充分发挥其对上海产业转型升级的引领作用。这就必须要搭建与完善高端事业发展的机会平台，通过高端平台引领更多的高端人才的汇聚发展。因此，上海需要进一步聚焦已有的重大技术平台以及未来具有发展潜力的智能制造、新技术产业领域，对高端人才要实行重用政策，大胆破除不合时宜的条条框框，特别是在居住环境、子女的就学、团队的组建方面完善配套政策措施。同时，重点解决高端引领人才与国内现有体制机制的对接问题，政府可以搭建人才交流的平台，促进引进的高端引领人才与本地现有人才的融合，增强高端人才的本土根植性。

3. 聚焦"四新经济"，掌握未来创新发展的主动权

上海未来应在全国乃至世界范围内起到创新的引领作用，就必须始终保持在创新的前沿。特别是要适应现在网络技术、移动终端以及制造智能化的发展，在新的经济发展方式、业态上实现突破，使上海真正成为创新的策源地，发挥对上海创新驱动发展的支撑作用。未来随着技术的进一步发展，建立在大数据以及互联网基础上的智能制造、销售模式等的创新将会改变传统的生产和消费方式，未来制造环节的价值将会随着智能化、网络化、定制化的发展得以提升。因此，今后价值链的微笑曲线将会更加的"平滑"，甚至在有些制造环节会超过研发与销售，如果"微笑曲线"变得"平滑"，则产业价值链的管理控制功能也就不仅仅体现在前端的研发

与后端的服务上,中间的高端智能制造环节也将是价值链管控功能的重要体现。这就使得上海既需要在垂直方向上实现价值链的升级,即从组装到研发设计、服务等环节的升级,也需要水平方向上的进步,即需要提高自身技术能力,在智能制造方面具备价值分配的主导权。

基于此,上海必须聚焦经济发展中的"新技术、新产业、新模式、新业态"——"四新经济"的培育,推动产业的高端化、国际化、市场化、智能化和集约化发展,把握未来创新发展的主动权。新技术不是简单的产品技术或实验室技术,而是指可实际推广、替代传统应用和形成市场力量的新技术。如3D打印、物联技术、云计算、储能技术、页岩气技术、机器人、高温超导材料、智能驾驶、可穿戴设备等。这些技术是未来产业转型升级的重要推动力量,上海在打造全球有影响力的科技创新中心的过程中,必须要抓住上述新技术的发展机遇,力争取得突破,占领技术发展的前沿阵地。新产业主要指以新科学发现为基础,以新市场需求为依托,引发产业体系重大变革的产业。比如,互联网产业就是给世界产业体系带来巨大冲击和变革的新产业。新业态就是新的经济活动,指伴随信息等技术升级应用,从现有领域中衍生叠加出的新环节新活动。比如,在移动通信、卫星定位等技术发展之后,汽车服务带动出导航、车载信息、车联网等新增值服务;移动互联网领域随着移动终端的普及推出位置服务应用;社会经济领域海量数据挖掘分析形成大数据应用服务,互联网企业介入银行核心业务形成互联网金融等。新模式则是以市场需求为中心,打破原先垂直分布的产业链及价值链,实现重新高效组合。如制造业与服务业融合、制造业平台化、平台经济、联盟经济等,在移动智能终端技术、软件技术和网络技术的共同武装下,劳动者不再局限于固定的劳动场所,生产活动呈现可分享性、可复制性、易流动性等特性,一种新型的"移动生产力"开始出现,这种新的模式将会对产业结构、就业结构等一系列经济结构产生深远的影响。

与传统的业态相比,"四新经济"顺应市场需求而生,具有技术先进、附加值高、自我整合与拓展能力强、成长性高等特点,集成了传统业态的机能、并且赋予了新的功能,是产业转型发展与产业能级提升的重要推进器。在"四新经济"的培育上,重点在于积极推动新技术应用、新商业模式、新产业、新业态的融合,新技术是基础,新产业与新业态是市场的最终体现,而新模式往往是重要的实现方式与手段。上海应深入把握"四新"发展特点和趋势,确立"四新"发展导向,合力营造有利于

"四新"萌芽和发展的环境氛围,采取鼓励、保护、培育、引进、扶持等多种手段共同推进"四新"发展,推动形成符合市场导向的"四新"内生增长机制,实现技术价值与市场价值的融合发展。

首先应拓宽培育促进"四新"发展的渠道。主要是支持战略性新兴产业领域内积极培育"四新",通过制造业能级提升催生"四新",通过传统产业改造对接"四新"。同时,积极引进国内外"四新"企业和团队。二是要优化"四新"发展的市场化支撑体系,从市场需求侧推动"四新经济"的发展。开展支持"四新"推广应用的重大专项,通过采购、标准、法规等多项需求方政策工具,推进面向"四新"的投融资机制创新。聚焦重点领域,细分产业链,吸引一批"四新"企业形成集聚优势。三是完善涵盖"四新"的企业服务及扶持体系。将"四新"企业纳入全市服务企业机制覆盖范围,探索将"四新"企业纳入高新技术企业认定范围,促进财税金融等扶持政策转型;如将研发、应用等纳入项目支持条件,推动政府部门带头采购云计算等较成熟的"四新"产品及服务;推动营改增向支持"四新"方向完善。四是转变政府公共服务和行业管理方式。深入推进政府信息资源公开、数据开放和共享应用,为"四新"企业发展创造开放的市场条件。探索推广负面清单管理,原来政府管理方式以正面清单为主,现在探索应用负面清单管理的方式,为创新创业企业发展营造更大的市场空间。

第4章
总部经济与产业转型升级的内在关系

4.1 总部经济促进城市产业转型的基本逻辑

作为一种高端的城市经济,总部经济一方面是世界领先城市发展实践的总结,另一方面指示了城市经济的发展方向。当今世界的先进城市,无不经历了从生产到服务、第二产业到第三产业、"制造基地"到"总部基地"的重大经济转型。国际都市圈对全球或者区域经济的控制力和影响力,很大程度上取决于国内外大型跨国公司总部和区域总部的数量和经济实力,因此,总部经济作为跨国公司经济力量的具体表现形式,必然是国际大都市圈的重要标志之一。

表 4.1 国际大都市圈与总部经济的关系

总部经济集聚区	经济总量	公司总部
纽约大都市圈	2008 年经济总产值已达 1.3 万亿美元,与全球各经济体按 GDP 混排,可跻身全球第 12 大经济体	2009 年,美国《财富》杂志公布的 56 家世界 500 强企业的全球总部和 42 家美国 500 强企业的总部设于圈内
东京大都市圈	2009 年经济总量占全日本的 17.6%,为 852 016 亿日元	日本年销售额 10 亿日元以上的大企业有 48.3%将总部设立圈内
巴黎大区	2007 年经济产值 5 335.6 亿欧元,占法国的 29%	2008 年,37 家世界 500 强企业的全球总部设于大区内

续表

总部经济集聚区	经济总量	公司总部
伦敦大都市圈	2008 年总增加值为 2 741 亿英镑,占英国的 20% 以上	欧洲 500 强企业中 100 多家将总部设立在伦敦,此外伦敦有 486 家海外银行,数量超过其他任何金融中心
新加坡	2009 年,新加坡 GDP 约 2 576.4 亿新元,人均 GDP 51 656 新元,此项的国际货币基金组织排名稳固在世界各国各地区的 20 位左右	7 000 余家跨国公司中,60% 在新加坡进行区域业务活动。1/3 的世界 500 强企业在新加坡设立亚洲总部
中国香港	2011 年特区 GDP 约 18 647 亿港元,人均 GDP 263 684 港元	2009 年跨国公司区域总部 1 252 家

资料来源:《2010 世界商务发展动态》,上海科学技术文献出版社 2010 年版。

多家世界 500 强企业的总部驻扎在纽约,奠定了纽约的世界总部经济中心地位;4 000 多家跨国公司的区域总部定居新加坡,成就了世人瞩目的新加坡经济;1 200 多家跨国公司的区域总部云集中国香港,则大大提高了香港有限资源的产出效率。根据纽约、香港、新加坡等国际著名城市(地区)总部经济的发展经验,我们大致可将产业转型与城市总部经济的形成划分为以下几个阶段(见表 4.2)。

表 4.2　总部经济与产业转型的经验关系

阶　　段	基本特征		
	条　　件	表　　现	结　　果
第一阶段:所在城市的兴起	良好的区位优势与战略地位	人口集聚,基础设施和产业基础逐步完善	城市具有了一定的知名度
第二阶段:以制造业为主导的发展阶段	相对廉价的要素、广阔的市场和其他因素	制造业发展迅速,占国民生产总值的比重较大	形成了一定水平的产业基础,成为区域中心
第三阶段:第二、三产业的协调发展阶段	形成一定规模的工业基础,人力资源和资金的供给有了很大改善	制造业所占比重下降,第三产业发展迅速,土地资源和能源相对稀缺,给传统制造业的发展带来瓶颈	主导产业基本形成,产业集群初步形成,城市经济独有的构成要素发展更为充分

续表

阶　段	基本特征		
	条　件	表　现	结　果
第四阶段:总部经济的形成	高端服务业发展比较成熟	服务业居于主导,金融业、商务服务业发达,形成了以企业总部、研发机构、营销机构为核心的增长极	企业总部集聚,总部经济效应突出

资料来源:根据相关资料整理。

第一阶段:所在城市的兴起。纵观世界上总部云集的大城市,它们的兴起都是有一定原因的:一是基于良好的地理位置,或是有天然的良港,或是交通枢纽,或具有重要的战略地位;二是基于丰富的自然资源;三是基于相当规模的人口和深厚的文化底蕴;四是基于一国的政策因素和其他一些人为因素。基于上述原因的共同作用或者单独作用,城市集聚了一定的人口、积累了一定的知名度、建设了一定水平的基础设施、形成了初步的产业和发展基础,构成了城市经济最为基础的部分。

第二阶段:以制造业为主导的发展阶段。在这一阶段,由于城市拥有相对廉价的要素、广阔的市场和其他因素,因而城市的制造业发展迅速,形成了一些规模较大的企业,制造业占国民生产总值的比重较大,并开始带动第三产业的发展,但是由于处在起步阶段,在经济中所占比重较小。此时,城市形成了一定水平的产业基础,吸引了更多的人口来到城市,成为区域中心。

第三阶段:第二、三产业的协调发展阶段。这一阶段城市形成一定规模的工业基础,人力资源和资金的供给有了很大改善。制造业所占比重下降,结构由粗放型向集约型发展,由劳动密集型向知识密集型和技术密集型发展,与此同时第三产业(尤其是一般的服务业)发展迅速,所占比重逐步上升,并逐渐超过第二产业,在产值上占主导地位。随着城市的进一步发展,土地资源和能源相对稀缺,给传统制造业的发展带来瓶颈。此时,城市主导产业基本形成,产业集群初步形成,城市经济独有的构成要素发展更为充分。

第四阶段:总部经济的形成。在这一段,城市第二产业发展到一定阶段,高端服务业发展比较成熟,人才和资金供给丰富,城市出于自身发展的需要,有发展总部经济的内在要求。工业集中发展高附加值的产业,服务业居于主导,特别是知识型服务业的发展比较成熟。出于自身发展需要,大型企业根据要素的比较优势,将制造基地与总部分离,实现价值链与区域资源的空间耦合。随着城市中心商务区的形成,企业总部逐步相对集聚。各工业园区相继出现,形成了城市高新科技发展的中心,形成了以企业总部、研发机构、营销机构为核心的增长极。此时企业总部开始集聚,总部经济效应突出。金融业、商务服务业发达且成为主导产业。

同时,总部经济是产业价值链理论与实践的突出体现,也是产业转型与升级的微观基础。从本质上来看,总部经济是企业对价值链的解析与重构。企业根据不同地区的资源状况设置不同的职能单元,以期获得最大的价值。按照价值链分工理论,企业(集团)将高级人力资本投入多的环节安排在战略资源密集的中心城市,将土地、能源、一般加工等资本投入多的环节,安排在常规资源密集的欠发达地区,就可以使总部企业和加工制造基地分别获取到各自所需的较低的资源成本,实现价值链各环节的最大增值。与此对应的则是企业将各种总部在全球有目的地进行布局形成"总部—制造基地"链条。同时,企业总部本身就是产业价值链的高端环节,它的集聚就会带来整个产业的提升。同时,总部的集聚还带来现代生产服务业的发展。总部集群通过企业总部等高端环节的集聚,推动制造业由生产制造向研发、设计、营销和品牌等价值链高端延伸和升级,既提高了制造业的生产效率,也促进了"微笑曲线"两端分化出的现代服务业的发展(见图 4.1)。特别是知识型服务业的发展,形成一个为企业总部服务的产业链,具体包括由通信、网络、传媒、咨询

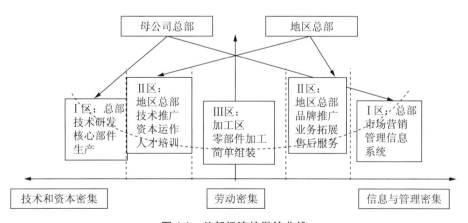

图 4.1　总部经济的微笑曲线

等组成的信息服务业,由银行、证券、信托、保险、基金、租赁业等组成的金融服务业,由会计、审计、评估、法律服务等组成的中介服务业,由教育培训、会议展览、国际商务、现代物流业等组成的新型服务业,等等。总部经济的这些效应无疑是上海产业转型与升级的重要途径,也是更为务实的方法,这既利于产业向高端的发展,也可避免城市产业的"空心化"。

4.2 总部经济的产业分布特征

典型的总部经济主体一般包括跨国公司、国家级(省级)大型企业(集团)以及大型民营企业。据最新的世界投资报告显示,全世界共有超过 82 000 家跨国公司,其国外子公司共超过 810 000 家,每个企业平均拥有近 10 家分支机构。在这些企业中,排名靠前的跨国公司 500 强主导着总部经济的发展。同时,中国 500 强企业(包括中国民营企业 500 强)以及行业龙头企业等优势企业是我国内资企业总部发展的主导力量。弄清这些企业总部的基本情况、规律与发展需求将会使得上海总部经济的发展目标更加明确、更加有的放矢。因此,在下面的分析中,我们梳理了以世界 500 强企业为代表的总部经济发展的产业特征。

4.2.1 世界 500 强企业的行业分布特征

世界 500 强企业的行业分布都是变化的,不断有新兴行业的企业进入世界500 强,也有不少行业的企业因没能跟上时代的步伐并及时进行调整而被淘汰出局。总体上呈现出以下特征:一是曾辉煌一时的钢铁、烟草、建材等行业在世界500 强企业中已越来越少;二是信息时代所产生的新兴产业越来越多地迅速跻身于世界 500 强企业,如计算机软硬件、证券、保险、医药等;三是排名前 10 位的行业基本没变,主要是汽车、石油、电信、通信等行业。而能够较长时间留在世界 500 强企业名单上的只有两类企业:一类是新型、高科技、改变了行业游戏规则甚至是创造了一个新兴行业的企业(如微软、戴尔等),另一类是在一个老行业里苦心经营、保持及加强自己地位并不断进行调整的企业。它们共同的标志就是其竞争能力的不断提高,说明一个行业的兴衰关键在于是否具有竞争力、能否适应时代的需求。

1. 服务业发展迅速,占有绝对优势地位

由于世界 500 强企业的行业分布非常广泛,每年大约有 50 多个行业,为了分析的方便,根据行业的特点把 50 多个行业合并为十大行业,分别为化工业、汽车机械制造业、饮食业、信息业、其他制造业、商业服务业、金融服务业、销售服务业、运输服务业和公用事业。①我们分析了近 15 年来各个行业的企业数(见图 4.2 和表 4.3)。其中服务业所占比例为 73%(包括信息服务业和饮食服务业),世界 500 强企业呈现出以服务业公司为主、制造业公司为辅的特点。十大行业中,金融服务业所占比例远远高于其他行业,占绝对优势。其后依次为销售服务业、信息业、汽车机械制造与化工业。

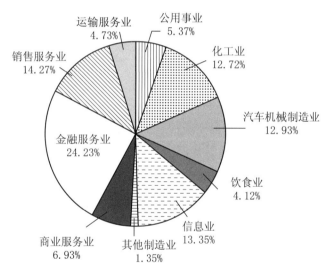

图 4.2 1995—2009 年世界 500 强企业的产业结构

① 化工业(包括炼油、初级产品开采、化学品、制药)、汽车机械制造业(包括机动车及零部件、航天与国防、金属及金属制品、工农业机械)、饮食业(包括食品、烟草、饮料、食品生产和饮食服务)、信息业(包括电子电器设备、网络通讯设备、计算机办公设备、摄影器材、电信公司和数据、互联网、软件服务业)、其他制造业(包括林产品、服装和运动产品)、商业服务业(包括管理咨询、广告、人力资源、工程建筑、酒店、旅游、保健、废物处理、出版印刷、娱乐)、金融服务业(包括银行、保险、证券)、销售服务业(包括食品药品店、一般商品零售、专业零售、批发、贸易)、运输服务业(包括航空公司、铁路运输、船务、海运、邮政包裹及货运)和公用事业(包括能源、电力煤气供应、公用设施)。

表 4.3　1995—2009 年世界 500 强企业的行业分布(家)

年份	公用事业	化工业	汽车机械制造业	饮食业	信息业	其他制造业	商业服务业	金融服务业	销售服务业	运输服务业
1995	19	68	70	26	63	5	25	122	75	27
1996	17	65	65	21	65	5	27	132	76	27
1997	17	63	65	20	62	7	30	135	77	24
1998	22	63	63	22	63	7	30	127	78	25
1999	23	57	61	21	60	8	33	126	85	26
2000	23	56	59	21	65	6	31	129	83	27
2001	29	60	57	20	73	7	34	116	79	25
2002	37	54	62	17	72	5	38	122	73	20
2003	31	54	63	19	69	6	40	120	76	22
2004	34	61	61	19	69	5	39	120	68	24
2005	34	59	68	22	69	10	47	112	59	20
2006	34	66	70	20	67	9	39	115	58	22
2007	28	75	72	19	63	9	28	116	65	25
2008	25	76	72	19	65	9	37	123	53	21
2009	30	77	62	23	76	3	42	102	65	20

资料来源:上海财经大学 500 强企业研究中心数据库。

2. 传统产业地位稳固,但优势逐渐递减,新兴产业后来居上

从世界 500 强企业的变迁可以看出,20 世纪中叶以来全球经济的发展轨迹和结构性调整的步伐。过去基础性工业企业,如钢铁、石油、食品、汽车等逐渐丧失传统领地而让位于金融、保险、电信、零售等服务型企业。进入 20 世纪 80 年代以来,一批隶属于计算机软硬件、通信、证券、保险、医药等新兴产业的企业挺进世界 500 强企业的行列,折射出处于信息时代全球经济发展变化的新轨迹、新脉络。尽管历年排名中传统的汽车、石油、钢铁等行业在世界 500 强企业中所占比例较高,但是其利润大幅减少、雇员被大量裁减,有的甚至处于亏损的行列,而制药、电信这些新兴领域中的公司后来居上,排名不断前移、利润大幅上升、雇员人数不断增加。

3. 行业的波及效应明显

各行业并不是孤立存在的,行业之间具有不同的联系,那些关联度较大、波及效应较强的行业带动的世界 500 强企业相应较多。如制造业发达的国家其生产服务业也很发达,人均消费水平较高的国家其零售业销售额也较高。汽车工业是综

合性工业,反映了一个国家的综合工业水平,它的产品生产链长,消耗钢铁、橡胶、玻璃、电子电器、化工、机械等工业行业的产品多。因此汽车工业最为发达的美国、日本、德国、法国等国家,该行业的世界 500 强企业最多,同时也带动这些国家的钢铁、建材玻璃、轮胎等行业的企业大量进入世界 500 强企业。同样由于美国的计算机行业最为发达,其计算机软件业、数据服务业的世界 500 强企业也最多。

4.2.2　世界 500 强企业总部的产业空间分布特征

前面分别对世界 500 强企业总部的区域分布和产业分布进行了分析,如果在区域与产业之间做一个交叉,我们发现世界 500 强企业的产业空间分布具有如下几个特征。

一是两极分化的地域特点比较明显。不管是制造业还是服务业,世界 500 强企业都存在"两极分化"的地域特点。位于美国、日本和西欧的世界 500 强企业为技术、知识、资本密集型产业,科技含量和附加值高,航天、制药、计算机、银行、保险、租赁、广告、信息咨询、数据交换等部门所占比重越来越大。位于发展中国家的世界 500 强企业只在化工业中的炼油行业占有一定优势,在其他行业不具任何竞争力,仍处于资源依托型、劳动密集型阶段。发展中国家是银行主导的金融体系,银行在金融体系中占绝对主导地位,而债券市场和股票市场相对不发达;世界大银行、大保险公司在发达国家的集中使发达国家拥有较强的国际竞争力。在利润回报率最高的制药行业和科技水平最高的航空航天两大行业中,发展中地区没有一家企业入围,说明在该领域的研究远远落后于北美和西欧两大板块。

二是优势行业各有侧重。北美、西欧和东亚三大板块的经济整体上由过去倚重自然资源和制造业的国别型世界经济逐步转向倚重信息资源和现代服务业的全球与区域型世界经济,但各个国家和地区产生世界 500 强企业的优势行业各不相同。信息制造业主要集中在北美和东亚板块,前者在网络设备制造业上具有较强的优势,而后者在电子电器制造方面的竞争力较强,西欧板块则以电信公司为主。技术和资本密集型产业及服务行业,如专业零售、金融证券、计算机软件、航空航天、医疗保健、数据服务、废物处理、餐饮服务等行业主要分布在美国,其他国家鲜有分布;商业银行、化学及家用化学品、服装、建材和玻璃等传统行业主要分布在欧洲国家;贸易、汽车、电子电器、金属制品、工程建筑等行业主要集中在日本;欧洲国家和美国、日本以外的其他国家和地区主要以银行、炼油、矿产与原油开采等传统、资源依托型行业为主。因此,发达国家与发展中国家之间的分工在一定程度上体现为金融等专业服务与传统工业制造之间的分工。发达国家的产业结构迅速向服务型转移,发展中国家存在边缘化的倾向,两类国家之间的国际分工愈发明显。

通过梳理以世界500强企业为代表的跨国公司的情况,我们发现其存在着典型的区域集聚与行业集中的特点,行业的发展趋势往往引领着企业总部的发展。因此,总部经济的发展也应该实施重点聚焦的战略,瞄准优势行业与优势地区的优势企业,有目的地加以战略倾斜。同时,在世界500强企业的总部所在地区与所属行业的演变过程中,存在两种较为典型的经济模型。一种是以美国为代表的现代服务业经济模型,这种模式的主要特征是制造业逐步向海外转移,但管理和信息处理工作主要集中在国内,以知识服务为主的现代服务业居于主导地位。第二种是以德国为代表的现代制造业经济模型,在这种模式中,生产服务直接与制造业企业相连接,生产服务比金融服务更重要,先进制造业居主导。而这两种模式对上海发展总部经济都有一定的借鉴意义。

4.2.3 中国500强企业的行业分布特征

1. 行业集中在能源、黑色金属、银行等垄断性行业

中国500强企业的数量分布前10的行业都具有较强资源垄断和规模经济特征,其中约有一半属于银行业、邮电通信等自然垄断、资源垄断开采与利用性产业,例如银行业、建筑业、石油业、黑色冶金业等。产业结构优化是中国企业竞争力提升的动力源泉。按照三次产业来看,第一产业近几年只有一家入选,第二产业与第三产业的比例固定在近似2.49,比较稳定,但这一结构比例与发达国家相比还是有差距。例如,美国服务业与制造业的比例为7∶3,世界500强企业中第三、二产业的比例也接近7∶3。同时中国500强企业中第三产业企业在规模上与第二产业企业也有差距,如中国500强企业中服务业企业不足30%,营业收入比重不足40%。与之相比,以煤炭、石化天然气、核能、汽车、机械、电子、化学、钢铁、有色金属、建筑材料10个行业为代表的重化工行业中,2011年有263家企业入选中国

500 强企业,收入占比达到了 54.3%,占比有上涨趋势。所以就目前状况来看中国
500 强企业多分布于重化工领域,大多企业是以高资源消耗为主,而服务业、战略
新兴产业领域的大企业虽然有发展,但从规模上还远不及传统产业,显现出中国
500 强企业在产业结构层次上有所欠缺,并与我国加快发展第三产业和新兴产业
的理念契合度不高。

2011 年世界 500 强企业中服务业企业的数量和营业收入均超过 50%,而在中
国 500 强企业中服务业企业不足 30%,营业收入占比不足 40%。世界 500 强企业
分属大约 50 个行业,其中有 22 个行业没有中国企业入围,包括了诸如制药业、半
导体电子元件这些需要持续研发投入的行业,也包括食品生产、娱乐业等需要对消
费者有深入研究的行业,还包括电子设备批发、食品批发、网络服务等需要全球供
应链管理能力的行业等,这些行业都是中国企业有所欠缺的行业。根据行业分布
数量与世界 500 强企业排名前 10 的行业对比来看,中国 500 强企业前 10 大行业
具有更为典型的传统特征,表现出劳动密集型与资源开采特征(见表 4.4)。中国
500 强企业目前集中在重工业,与世界 500 强企业以高端服务业为导向的产业结
构水平还有所不同。

表 4.4　中国 500 强企业与世界 500 强企业的行业分布数量前 10 名对比

排名	世界 500 强企业行业分布排名	中国 500 强企业行业分布排名
1	商业及储蓄银行	黑色冶金及压延加工业
2	炼油	建筑业
3	车辆与零部件	煤炭采掘业
4	人寿健康保险	有色冶金及压延加工业
5	食品店和杂货店	汽车及零部件制造业
6	电信	电力、电气、输变电等机械
7	公用设施:电力、煤气、水务	房地产开发与经营
8	财产保险	化学原料及化学品制造业
9	金属产品	综合制造业
10	电子电气设备	银行业

资料来源:上海财经大学 500 强企业研究中心数据库。

2. 利润高度集中在银行、石油、汽车及零配件、邮电通信等行业

若以利润作为效益的指标,则 2011 年行业利润占比超过 3% 的有 7 个行业:商

业银行业以30.93%位居第一,遥遥领先;石油、天然气开采及生产业以8.59%排名第二;其后依次为汽车及零配件制造业、煤炭采掘机采选业、邮电通信业、黑色冶金及延加工业、房地产业(见表4.5)。总体来看,这几大行业的高盈利大多与垄断有很强的相关性。

表4.5 2011年中国500强企业利润占比超过3%的行业

行 业	利润(亿元)	占 比
商业银行业	6 445.04	30.93%
石油、天然气开采及生产业	1 790.21	8.59%
汽车及零配件制造业	1 107.05	5.31%
煤炭采掘机采选业	960.69	4.61%
邮电通信业	806.28	3.87%
黑色冶金及延加工业	711.16	3.41%
房地产业	636.51	3.06%

资料来源:上海财经大学500强企业研究中心数据库。

3. 行业之间的发展绩效存在明显差异

行业之间的效益与效率存在显著差异。表4.6列举了2011年中国500强企业平均资产利润率、收入利润率超过10%的行业。平均资产收益率排名前8的行业大多为制造业,平均收入利润率排名前6的多为服务业。值得重视的是,以腾讯科技为首的互联网传媒、商务、娱乐服务业获得了良好的发展态势,这与信息化时代背景相吻合。2011年中国500强企业中有商业银行业、港口服务业、酿酒制造业等6个行业的平均收入利润率超过10%,其中互联网传媒商务、娱乐服务业的平均收入利润最高,超过41%,其平均资产利润率也是最高,高达22.65%。

表4.6 2011年中国500强企业平均资产利润率、收入利润率超过10%的行业

排名	行业名称	平均资产利润率(%)	行业名称	平均收入利润率(%)
1	互联网传媒、商务、娱乐服务业	22.65	互联网传媒、商务、娱乐服务业	41.31
2	饮料加工业	20.21	商业银行业	28.34
3	农林机械、设备及零配件制造	19.41	港口服务业	16.20

续表

排名	行业名称	平均资产利润率(%)	行业名称	平均收入利润率(%)
4	酿酒制造业	12.227	酿酒制造业	15.74
5	通信设备及其他电子设备、元器件制造业	10.33	房地产开发与经营、物业及房屋装饰、修缮、管理等	13.76
6	研发、科技交流与推广、规划、评估、咨询及总承包等服务业	10.26	饮料加工业	10.56
7	工程机械、设备及零配件制造业	10.20		
8	肉食品加工业	10.08		

注:上述的行业分类主要根据企业的主营业务划分。
资料来源:2011 年中国 500 强企业发展报告。

4.3　影响企业总部选址与迁移的因素

虽然国内外总部企业发展的需求由于体制各异、行业不同、地域迥异存在着一定的差异:跨国公司希望开拓更大的市场;国企希望改善其经营绩效,继续做大做强,在国内市场开疆扩土,开拓国际市场;民企除了以上诉求以外,更希望获得各界的认可,渴望更多开放的市场,需要更大的舞台来提升自身的能级。企业的上述需求可以看作是企业内生的需求,而实现这些需求往往需要一个合适的平台。这在本质上要求企业在总部的选址上根据战略的诉求进行动态的考虑,当企业自身发展到新的阶段,而现存的总部所在地不能满足其战略升级的需求时,企业就会考虑适时、适地地对其相关总部进行迁移。

企业总部的选址更多地会考虑企业发展的战略意图。受企业经营理念的影响,生产原料、高新技术的可获得性和相对较低的成本是决定企业总部选址的重要因素。而在影响企业总部选址的其他因素方面,优势企业总部所选的地区一般都具有显著的产业优势。而且不同类型的企业对此有着不同的需求,服务型生产企业需要接近客户,制造业企业则要求本地有较丰富的廉价资源,以及相关的生产制造中心,以便企业降低生产成本和快速发展。此外,地区中心性也是地区总部选址不可忽视的因素,具体包括:居于中心的地理位置、地区经济中心、商务金融中心、地区交通中心、各职能机构的中心、企业集聚的中心等。这种区位优势能形成以地区各中心为基础的产业集聚区,有利于运用规模经济,提高整个地区的效益优势,吸引人才、咨询、营销等关键因素的集聚。产业的集聚特别是服务业的聚集,是总部企业选址时首先考虑的因素。优势企业总部的一切业务都离不开服务业的支持。良好专业的服务体系对总部职能的行使能起到重要的保障作用;与此同时,优势企业总部可以分享服务业集聚的外部经济效应。因此,所选区域的银行业、证券业、保险业、房地产业、广告业、市场调查、咨询业、会计、法律服务以及信息服务业的发育状况及其国际化水平成为优势企业选择总部区位时考虑的重要因素。

4.3.1 企业总部迁移的类型与趋势

当现有区域无法满足优势企业的上述发展需求时,优势企业就有可能将总部或者相应的职能型总部迁移到合适的地区。企业迁移时常发生,几乎每一个"迁都"企业都有一个不同的故事。但归根结底,它们都存在着一个共同的指向:"迁都"是企业自身加速发展的内在要求。发生总部迁移最主要的原因有以下四个方面:一是企业出于追求利益最大化的需要,转移总部能够获得最大的净收益;二是出于战略上的考虑,虽然可能在短期利益上受到一些损害,但是为了全球战略的布局仍然选择迁移;三是与竞争对手的竞争,这在地区总部的安排上体现得比较充分;四是税收面的优惠,如出于对当地政府优惠政策的考虑,波音公司总部由西雅图迁到芝加哥。

1. 总部迁移的类型

根据总部区位是否发生变化以及发生变化的原因,我们可以把企业总部的迁移模式分为以下三种:固定型、被动迁移型和主动迁移型。

固定型模式:这种模式主要是指公司总部位置基本没有发生变化或者由于企业内部因素只在原城市内部进行迁移的行为,不包括就地兼并引起的总部区位变动。80％的企业总部属于固定型,20％属于迁移变动型。

被动迁移型模式:这种模式是指由于公司兼并引起公司总部区位发生变化的行为。14％的世界 500 强企业由于发生巨型兼并引起了公司总部区位的变化,其中约 62％的兼并发生在同一座城市,即就地兼并,总部区位变化不大,如意大利英萨塔银行合并意大利商业银行后,总部仍位于米兰。约 38％的作为被购方的世界 500 强企业的总部迁移到作为其并购方的世界 500 强企业的总部所在地,原址被撤销或改为其他用途,如西班牙桑坦德集团收购英国阿比银行,总部设在马德里。内部增长带来的空间扩张常具规划特征,就近布局的特点很明显;而外部增长,由于被获取的工厂(公司)原已存在,规划比较困难。这种对所吞并企业的区位也具有从其中心区位向外不断扩张的特点。如公司总部在纽约、洛杉矶和芝加哥的公司兼并常随着年代变化而不断外扩,但其兼并仍以公司总部周围地区为主,这种兼并的距离衰减行为也发生在国际尺度上。

主动迁移型模式:这种模式是指没有发生巨型企业兼并,而是出于对城市和公司自身原因的考虑将企业总部迁移到其他城市的行为。根据迁移前后城市规模的不同,主动迁移型模式又分为上行流、平行流和下行流三种迁移模式(见图 4.3)。

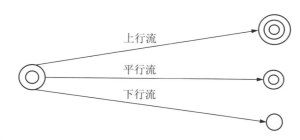

注:◎、◉、○分别代表城市规模。

图 4.3　企业总部迁移的主要方式

西欧各国以上行流迁移模式为主,很多跨国公司总部为了充分享受大城市带来的各种好处从原先较小的城市迁到上一级城市(如伦敦、巴黎等)。位于西欧的世界 500 强企业迁移的结果是总部区位更加趋于集中,如英国 BAE 系统公司的公司总部由法恩伯勒(Farnborough)迁到伦敦,法国邮政从布洛涅(Boulogne)迁到巴黎等。

美国以平行流和下行流迁移模式为主,迁移的结果是公司总部区位趋于分散。出于对商务成本、生活环境、安全等因素的考虑,很多大公司开始将总部迁往所在城市的郊区,大公司总部分布最集中的纽约市首当其冲。1975年美国《财富》杂志列示的世界500强企业中,98个总部设在纽约,到1995年只剩49个,而到2009年只剩18家,其余大都迁往郊区或"阳光带",如可口可乐公司从纽约迁往亚特兰大,壳牌石油公司从纽约迁往休斯敦,莫比尔石油公司从纽约迁往弗吉尼亚的费尔法克斯,美国航空公司由纽约迁往沃思堡。位于美国的世界500强企业的公司总部的区位变化表明,15%左右发生的是远距离迁移,20%是较远距离的迁移,65%为近距离迁移。位于美国的世界500强企业总部的区位变化与美国工业分布地区的变化基本一致。

位于日本的世界500强企业的总部迁移主要是"大阪到东京"的上行流模式,如日本日绵公司总部由大阪迁到东京;澳大利亚则是发生在悉尼与墨尔本之间的平行流模式,如澳洲电信总部从悉尼迁到墨尔本。在其他国家鲜有世界500强企业的总部迁移到其他城市的行为发生。而且,世界500强企业的总部迁移也存在着较明显的距离衰减规律。

2. 跨国公司总部区位变化趋势

从国家角度看,与发达国家相比,位于发展中国家的世界500强企业的总部区位更为集中,基本位于首都城市;在发达国家中,除了位于美国、德国的世界500强企业的总部有从主要大都市区迁出并分散分布的趋势外,位于其他国家的世界500强企业的总部区位愈发集中,更加集中于首都和其他具有世界级意义的大城市内。

从行业角度看,总体而言,由于服务业特殊的行业特性,随着外生的相对成本优势和内生的集聚优势的增加,属于服务业的世界500强企业的总部区位要比属于制造业的世界500强企业的总部区位更具有集中性,尽管其总部迁移活动比较频繁,但发生在主要大城市内,鲜有迁到中小城市的行为。如那些服务对象和市场份额不受人口分布影响的产业,如银行、保险、信息咨询和律师事务所等,因其内在的运作机制和生产中的要求各不相同,属于这些产业的世界500强企业的总部得以保留在中心城市,而属于制造业的世界500强企业的总部区位却有分散化的趋势。由于公司总部具有管理功能,且与生产加工基地基本上呈现空间上的分离,区位选择常位于大城市商务中心的高档写字楼。由于区位指向、集聚和扩散机制以及空间近邻效应的影响,属于不同行业的世界 500 强企业的总部有趋向于特定区位的趋势,大多数世界 500 强企业的总部主要分布在所在国家的老工业区,集中在首都、综合性经济中心城市、专业化工业城市,其总部的行业结构与该城市的优势行业基本一致。

3. 我国优势企业总部迁移的特征与趋势

从 1996 年起,企业"迁都"逐步成为中国经济运行中一个突出现象,并日益呈现出双峰交相辉映的壮观景象:一方面,越来越多的以跨国公司为主体的境外企业,兴起一股"中国热",纷纷将其在境外的总部搬迁到中国安家落户,除北京、上海以外,天津、重庆等直辖市以及广州、深圳、成都、武汉等省会城市,并进一步扩大到长三角、珠三角等地区,都开始设有跨国公司的地区总部,并以此为中心,重新调整国际市场战略。另一方面,国内的一些以民营企业为主的土生土长的企业,也开始走"农村包围城市"的道路,纷纷从乡镇迁往县城,或从县城迁往省城,或从小城市迁往大都会。从空间上看,呈现多层次发展格局。一是北京、上海、广州等全国性中心城市,重点发展跨国公司亚太地区总部、中国地区总部、研发中心及国内大型企业集团总部;二是以深圳、杭州、成都、青岛、武汉、大连、西安等为代表的大区域性中心城市,重点发展部分跨国公司在华分支机构、国内大企业总部或区域总部、省级大企业集团总部等;三是以宁波、济南、厦门、郑州等为代表的省级中心城市,以国内大企业地区总部、省市知名企业总部及某些优势产业国内大型企业总部等为重点发展类型。

国内企业总部迁移中心城市是我国目前比较典型的一种模式,也即上面提到的上行流模式。这一模式主要表现在国内欠发达地区的企业将总部迁移至中心城市,而生产基地仍留在原区域继续担当生产制造功能。例如,20 世纪 90 年代末开始,健力宝总部从三水迁到广州,远大总部从长沙迁到北京,等等。形成了一股愈演愈烈的"迁都"风潮。伴随着这股"迁都"潮的兴起,总部经济得到政府部门的高度重视,已经成为诸多城市区域经济发展的重要战略。企业总部的迁移,最大限度地利用了不同区域的资源优势。总部迁移模式对于中心城市拓展产业发展空间,为区域经济发展带来明显的经济效应和社会效应,对保持城市的持续发展有重大的现实意义。

4.3.2 国内企业总部搬迁至上海的经验总结

国内优势企业将总部迁移至上海的情况时有发生,如 1999 年 1 月 10 日,杉杉集团将总部从宁波迁到上海;1999 年东方希望集团将总部从成都迁往上海;均瑶集团于 1999 年 12 月将总部从温州迁往上海,这或许是浙江民营企业迁徙上海成功案例的一个代表或者说是一个缩影;另一个典型的例子是德力西集团也于 1999 年将总部从浙江乐清迁入上海。目前上海已集聚了 30 多家中国民营企业 500 强的企业总部,这些在家乡"发家"的企业,"搬家"至上海后,大都在战略上实现了既定的目标。虽然每个企业"迁都"的情况不一,但总结这些企业的迁移行为,大致呈现以下的特征:

一是这些迁入的企业在地域上存在着距离衰减的规律。迁移的基本上都是长三角的企业,尤以江浙的企业为主。这主要是因为长三角是我国经济的龙头,企业的发展相对比较成熟,其战略转型的需求较强。而且由于地缘较近,其对上海的企业氛围、市场环境认同感都比较强,更为关键的是上海能为这些企业提供合适的战略转型的平台。

二是这些企业的迁入大都是为了从制造业向服务业转型,实现价值链的攀升。这些优势企业在加工制造达到一定规模后,已不满足仅仅赚取利润微薄的加工费。而开始考虑向"微笑曲线"的两端攀升,品牌、研发设计等诸多附加值高的服务环节成为这些企业转型的重要突破口。而当企业需要"从硬到软"、"从实到虚"、"从竞争走向合作"转型时,上海是现有最好的选择。所谓从硬到软,即从土地、厂房、设备、产品销售等硬投入向品牌运营等软实力转型,因为对软资源的整合才是未来企业真正的竞争力;所谓从实到虚,就是从靠扩大生产规模、降低成本、改善质量、模仿学习这四大传统法宝中走出来,突破目前中国制造业产能严重过剩的"红海",走向供应链管理、整合等虚拟经营这一"蓝海";所谓从竞争走向合作,就是从过去的增强单体竞争力向处理各种竞争关系、在合作中寻找最大商机的思维转变。上海的人才、信息、资本、技术优势无疑为企业的战略转型提供很好的平台。

三是这些企业"迁都"上海并不仅仅是因为优惠政策,更多的是看重上海的整个商业软环境。若企业将转型看成是在新的地方获得新土地、买新设备、造新产品,那么未必会选择上海,上海这方面的优势已经大大落后于其他地区。但上海作为跨国公司最为集聚的地方,是国内优势企业实施国际化战略的桥头堡。而且,上海的金融、物流、会计等现代服务业比较发达。这些对企业的发展来说是更为重要的因素。

分析国内优势企业入驻上海的原因,主要有以下几个方面:

一是上海是目前我国人才、信息等许多方面的高地。国内优势企业发展到一定规模,自然而然会到这个高地上引进人才、信息、资金。目前不少浙江企业都把企业的生产、仓储等功能放在创业的"根据地",而把上海作为研发、投资、决策中心,以谋求进入国际市场。

二是上海的国际化色彩最为江浙民营企业看重。目前上海是跨国公司与外资机构扎堆的地方,这对急于"走出去"和扩展中的国内优势企业来说,有很大的吸引力。德力西集团进沪两年,先后与美国、日本、韩国等国的多家外资企业接触,寻求国际合作,这在浙江乐清是做不到的。

三是这些优势企业能够在上海发挥先发优势。上海的本土企业大多数是国有企业,市场经济体制确立相对滞后,对于许多可以开发的经济领域,本土企业缺乏自有资金和体制优势,资源得不到很好利用和挖掘。而民营企业的先发优势比较突出,向外拓展的意识和能力都比较强,如浙江永嘉的阀门泵业进驻上海后,通过收购、兼并,几乎"吃掉"了上海所有同行,占领了整个上海市场。

第5章
上海总部经济发展现状

5.1 上海跨国公司总部发展的主要特点

上海跨国公司总部的发展历史并不长,2002 年 7 月 20 日上海市政府发布了《上海市鼓励外国跨国公司设立地区总部的暂行规定》,这是上海第一个鼓励跨国公司在上海设立地区总部的政策。此后,上海制定一系列发展总部经济的支持性政策,设立了总部经济促进中心,并于 2006 年发布了首张总部经济地图,圈定 16 家跨国公司总部基地。2008 年又出台了《上海市鼓励跨国公司设立地区总部的规定》。这些政策和措施有力地推动了上海跨国公司总部的发展。上海市跨国公司地区总部的增长速度如此之快,很大程度上来自大量原本由企业自我定位的地区总部转正的努力。因为一旦达到了政府认定地区总部的条件、要求,它们就可以享受地方政府针对地区总部的优惠政策。跨国公司地区总部具有投资、经营管理、销售、研发、资金管理、人力资源管理等多种功能,具有很强的辐射作用,其不仅带动了上海的投资、增加了税收,更重要的是提升了城市的功能。

2002 年,上海率先在全国开展了吸引跨国公司地区总部的试点工作。如表 5.1 所示,2005 年,落户上海的跨国公司地区总部突破 100 家,2008 年突破 200 家,而 2010 年再上新的台阶,落户上海的跨国公司地区总部达 305 家;2011 年上海总部经济继续保持良好发展态势,全年共新设跨国公司地区总部 48 家,外商投资性公司 27 家,外资研发中心 15 家;截至 2012 年底,外商在上海累计设立外商投资性公司 265 家,跨国公司地区总部 403 家,外资研发中心 351 家,上海的跨国公司地区总部和外商投资性公司数量名列全国第一,外资研发中心数量全国第二。同时,跨国公司地区总部的能级进一步提升,95％以上的跨国公司地区总部具有两种以上的总部功能(见表 5.1)。

表 5.1　2002—2012 年上海跨国公司总部机构数

年份	跨国公司地区总部	外商投资性公司	外资研发中心	跨国公司总部机构总数
2002	25	/	/	/
2003	56	/	/	/
2004	86	105	140	331
2005	124	130	170	424
2006	154	150	196	500
2007	184	165	244	593
2008	224	178	274	676
2009	257	190	304	751
2010	305	213	319	837
2011	353	240	334	927
2012	403	265	351	1 019

注:这里的外商投资性公司、管理性公司是跨国公司地区总部的企业组织形式而非企业总部的功能分类。

资料来源:上海市商务委员会。

上海总部经济不仅在规模上有了很大提高,也体现了领域宽广化、投资规模化、能级提升化的主要特征。近年来,跨国公司在现代服务业领域设立地区总部的数量明显增加,同时,跨国公司地区总部的投资规模也在不断扩大。截至 2010 年 12 月,累计已有 74 家世界 500 强企业在上海设立了地区总部,占在沪设立地区总部的跨国公司总数的 24％。其中,2010 年位列世界 500 强企业前 10 位的企业中,有埃克森美孚、英国石油公司、安盛集团 3 家在上海设立了地区总部;位列世界 500 强企业前 100 位的企业中,有通用电气、福特汽车、通用汽车、IBM、乐购、巴斯夫、安赛乐米塔尔等 10 家在上海设立了地区总部;位列世界 500 强企业前 200 位的企业中,有 27 家在上海设立了地区总部。下面我们将从母公司来源国家或地区、母公司所属行业、地区总部级别、地区总部办公地址所在区县、地区总部是新设还是迁入等角度对在沪跨国公司地区总部的特征进行分析。由于有些企业数据无法获得,下面我们主要分析了截至 2010 年的 305 家在沪跨国公司总部的情况。

5.1.1 地区总部投资来源地以美国、欧洲国家和日本为主

上海吸引的跨国公司地区总部的投资来源地主要以欧美国家和日本为主,共 231 家,占总数的 75.7%。其中,来自美国的有 99 家(32.4%),来自欧洲国家的有 83 家(27.2%),来自日本的有 49 家(16.1%),来自中国香港、中国台湾地区的有 19 家(6.2%),来自其他国家和地区的有 55 家(18.0%)(见表 5.2)。

表 5.2　在沪跨国公司地区总部的投资来源地分布

来源地	美国	欧洲	日本	中国香港、中国台湾	其他国家和地区
数量	99	83	49	19	55
占比(%)	32.4	27.2	16.1	6.2	18.1

资料来源:上海财经大学 500 强企业研究中心数据库。

5.1.2 地区总部行业分布中主要以制造业为主

截至 2010 年 12 月,入驻上海的跨国公司总部中制造业总部 232 家(76.1%),服务业总部 73 家(23.9%)。所有在沪有地区总部的制造业类公司中,尤以制造汽车及汽车配件、化工产品、电子电气产品、食品饮料、医疗相关产品、金属制品的为最多。特别在汽车及汽车配件方面,在沪设有地区总部的跨国公司已形成一条完整的产品链。近年来,随着上海经济结构转型和服务业领域对外开放程度的不断扩大,在上海设立地区总部的跨国公司从传统制造业领域逐步拓展到商业、广告、人力资源等服务业领域,服务业领域跨国公司地区总部的比重逐年提高。

5.1.3 地区总部注册区域主要集中在浦东新区和中心城区

截至 2012 年 12 月 31 日,浦东新区累计吸引跨国公司地区总部 193 家,占总数 403 家的 47.9%;其他地区总部大多注册在徐汇、长宁、卢湾、黄浦、静安等中心

城区(见表 5.3)。目前的趋势是跨国公司在交通便利的城郊地区买地买楼,扎根发展。浦东张江、浦东金桥、闵行紫竹、长宁临空等地区正成为跨国公司地区总部自建总部大楼的主要区域。

表 5.3　在沪跨国公司地区总部的区县分布

区　域		地区总部
中心城区	黄浦区	39
	徐汇区	52
	长宁区	34
	静安区	18
	闸北区	19
	虹口区	2
	杨浦区	3
	浦东新区	193
	其他区县	43
合　计		403

注:由于上海跨国公司地区总部的区县分布数据较全,因此表中数据为 2012 年底的数据。

资料来源:上海财经大学 500 强企业研究中心数据库。

5.1.4　级别分布

一般而言,跨国公司总部分为全球总部和洲际级总部、国家级总部、区域总部等地区总部,级别越高,其控制的资源就越多,对所在区域的经济带动能力也越强。在所有能查明的 204 家在沪跨国公司总部中,以中国大陆级地区总部为最多,有133 家,占了全部查明的 204 家的 65.2%;其次为亚太总部、大中华区总部;其余几个级别的地区总部数目较少,仅 1—3 家(见表 5.4)。目前上海拥有美国霍尼韦尔公司的电子材料部门全球总部、英特尔公司渠道平台事业部全球总部和 ABB 公司机器人事业部全球总部这 3 个全球总部。整体来看,在沪跨国公司总部的级别还不高,大多仅管辖中国大陆这一单一区域,在吸引高层次地区总部方面,上海还有很长的路要走。

表 5.4　在沪跨国公司地区总部的级别分类

	全球总部	亚太总部	亚洲大洋洲总部	亚洲总部	东亚总部	北亚总部	大中华总部	中国总部
数量	3	32	1	13	3	1	18	133
占比(%)	1.47	15.69	0.49	6.37	1.47	0.49	8.82	65.20

资料来源:上海财经大学 500 强企业研究中心数据库。

5.1.5　新设与迁入结构

在能查明的 225 家企业总部中,有 83.1% 是在上海新设的,只有 16.9% 是从别的地方迁入(见表 5.5)。在迁入的总部中,大多数是高于中国总部的。而在新设的总部中,大多数是中国总部和大中华区总部。相对于新设在上海的地区总部,从其他地区迁入上海的地区总部就不仅仅包含了对上海重要性的肯定,还包括了对上海和其原驻在城市在各方面的一个权衡比较。在所有能够查明的迁入上海的地区总部中,原驻在城市(国家或地区)如表 5.6 所示。近几年来,上海从中国香港吸引来了 11 家地区总部,从新加坡吸引来了 10 家地区总部。这些地区总部之所以会迁移,主要是因为其各自的业务重心在向中国倾斜,这也表明了相比上述地区,上海的吸引力在增加。此外,上海还从北京和天津分别吸引来 8 家和 1 家地区总部,上海对这两个城市发展总部经济已经在一定程度上形成了挑战。而从澳洲迁至上海的正是鼎鼎大名的上海 001 号地区总部——阿尔卡特公司亚太区总部,自此拉开了上海跨国公司地区总部迅猛发展的大幕;从美国迁来的两家更是上海目前稀缺的全球总部:美国英特尔公司渠道平台事业部全球总部和美国塞拉尼斯公司乙酰基业务全球总部。

表 5.5　在沪跨国公司地区总部按新设与迁入的分类

类　型	新　设	迁　入
数　量	187	38
占比(%)	83.1	16.9

资料来源:上海财经大学 500 强企业研究中心数据库。

表 5.6 迁入上海的跨国公司地区总部按其原驻在城市(国家或地区)的分类

原驻在城市(国家)	中国香港	北京	新加坡	澳洲	东京	美国	天津	其他
数量	11	8	10	1	4	2	1	1
占比(%)	28.95	21.05	26.32	2.63	10.53	5.26	2.63	2.63

资料来源:上海财经大学 500 强企业研究中心数据库。

5.1.6 跨国公司地区总部规模不断扩大、功能不断集聚和提升

随着上海投资环境、运营环境的不断优化,在上海的跨国公司地区总部的发展也渐入佳境。一是跨国公司地区总部的规模不断扩大,截至 2010 年 12 月,共有 41 家跨国公司地区总部的注册资本超过 1 亿美元。二是越来越多的跨国公司不断提升其地区总部的能级,将中国总部升级为亚太总部、设立事业部全球总部。例如,ABB 公司将机器人事业部全球总部设在上海;拜耳公司最近宣布将材料科技事业部全球总部的部分职能转移到上海;新通用公司宣布在上海成立国际运营总部,负责北美以外的所有业务;IBM 公司将新兴市场总部设在上海,负责管理 150 个新兴国家的市场;飞利浦公司将空气、水净化处理业务部门和厨房业务部门全球总部设在上海;霍尼韦尔公司将电子材料部门全球总部设在上海;福特公司将亚太及非洲地区总部从泰国迁来上海。

总部企业带动了行业上下游企业的发展,产生连锁投资效应和产业乘数效应,使得相关产业的产业链更为完善,如大众汽车扎根上海嘉定汽车城,产业集聚效应十分明显。上海总部经济已形成了一定的空间集聚态势。总部的集聚,产生了大量的专业服务方面的需求,极大地推动了信息服务、金融服务、专业中介服务、会展、物流等现代服务业的发展。吸引跨国公司地区总部既是上海经济结构转型的要求,更是发挥上海的开放优势,服务全国的需要。据统计,"十一五规划"时期上海吸引的外商投资性公司合同外资达 105 亿美元,其中 90% 以上投向兄弟省市,特别是与长三角地区的兄弟省市形成了合理的产业分工格局。

5.2 上海国内企业总部发展概况

上海"十二五规划"转型发展中,优质内资的参与必不可少。以央企、地方国企和民营企业为主的国内优势企业来沪集聚、发展,已成为上海经济社会"创新驱动、转型发展"的重要推动力量之一。

5.2.1 在沪央企基本情况

金融企业在沪设立的总部有中国交通银行总部、中国人民银行上海总部。制造业中总部在沪的央企有 7 家:宝钢集团有限公司、中国东方航空集团公司、中国海运(集团)总公司、中国商用飞机有限责任公司(简称中国商飞)、上海贝尔股份有限公司、上海船舶运输科学研究所和上海医药工业研究院,其中,上海医药工业研究院、上海船舶运输科学研究所已于 2010 年分别并入中国医药集团总公司、中国海运(集团)总公司(见表 5.7)。此外,还有华东电网公司、上海石化、高桥石化、上海烟草等 133 家央企在沪设立地区总部、重要生产基地和营运中心。这些企业都

表 5.7　代表性在沪央企总部的运营数据(亿元)

企业名称	营业收入		利润总额		实际上缴税金	
	2009 年	2010 年	2009 年	2010 年	2009 年	2010 年
宝钢集团有限公司	1 953.1	2 730	149.1	242	151.1	157
中国海运(集团)总公司	449.5	648.1	1.5	70.2	22.2	20.9
中国东方航空集团公司	422	801.1	8.3	58.4	32	48.6
上海贝尔股份有限公司	181.3	181.8	3.5	9.5	6.2	4.1
中国商用飞机有限责任公司	17	29.1	1	1.8	0.1	0.5

注:2009 年在沪央企制造业总部应有 7 家,2010 年并为 5 家,为了比较的一致性,上表重点列了代表性的 5 家。

资料来源:国务院国资委财务监督与考核评价局。

是先进制造业和现代服务业的领军企业,规模较大、实力雄厚、业绩优良,代表着上海产业的实力和水平,在上海的经济社会发展中发挥了重要的引领作用。

在央企总部迁往上海难度较大的情况下,上海在大力吸收央企功能总部、运营中心、新上项目和地区总部上取得了较大的成效。特别是依托上海世博园区打造的央企总部集聚区已经成为央企在上海最重要的集聚区。目前已有 13 家央企与上海签约在此建立相应的总部(见表 5.8)。

表 5.8　入驻上海世博园区的央企总部

央企名称	总部类型
中国商用飞机有限责任公司	建设总部大楼,培育壮大航空设计、研制、生产、销售、租赁、咨询及服务等业务板块,与之相关的服务机构注册落户上海,不断延伸航空产业链,推动集群发展
宝钢集团有限公司	建设总部大楼,拓展冶金业高端研发、金融、贸易及生产性服务业等功能板块,不断延伸拓展钢铁产业链
国家电网公司	成立国家电网研究中心暨上海金融中心等
中国华能集团公司	燃煤电厂碳捕捉技术研发应用、高温气冷堆核电技术研发及应用、航运、新能源、碳资产管理、风险保障产品研发推广和财务结算等业务总部
中国华电集团公司	航改型燃机研发制造销售、分布式供能研发、新能源产业研发与制造、电力工程(分布式能源 EPC)、国际贸易、财务金融、保险信托等总部
中国铝业公司	资源贸易、运输物流及交易业务结算;金融区域性财务结算;金属材料加工技术研发和信息工程咨询服务等业务总部
中国中化集团公司	国际橡胶贸易、船务、农化、能源和医药板块等总部
招商局集团有限公司	全球港航信息、离岸航运金融、产业投资基金和中小企业融资服务等总部
中国中信集团公司	金属、资源、装备等业务总部
中国建筑材料集团有限公司	水泥和建材贸易、进出口和国际工程等总部
中国外运长航集团有限公司	航运、海运和空运,国际物流、金融物流、滚装物流和综合物流、外贸、燃料和国际旅游、船舶重工等业务总部
中国黄金集团公司	黄金珠宝交易等总部
中国国新控股有限责任公司	通信网络、接入网络、信息通信终端、光电传输等业务板块的研发、生产总部

资料来源:根据相关资料整理。

上述央企在上海产业升级和城市安全保障中发挥了重要的支柱作用。在推动产业升级方面,上海拥有宝钢集团、上海石化、高桥石化、上海烟草、中国商用飞机、上海航天、上海船舶、贝尔股份等一批领军企业,是本市支柱产业、战略产业和高新技术产业中的主力。在推动技术创新方面,在沪央企技术创新体系比较完善,拥有许多国家级和上海市技术中心,如上海船舶运输科学研究所、上海医药工业研究院等一批科研"国家队",引领上海企业技术创新,是上海实施国家战略、服务全国需要的重要载体。从推动市场供应保障看,上海煤、电、油、运、气等涉及城市运行安全的工作都由央企挑大梁,如中石化、中石油、华东电网、市电力公司、电力股份、东方航空、中海运、中外运等企业为城市安全和稳定运行作出了重大贡献。

5.2.2　在沪民企基本情况

虽然目前在沪的民营企业总部已超过 150 家,但上海民营企业总部的发展与跨国公司相比仍存在着较大的差距。根据上海市企业联合会、上海市企业家协会、上海市商会、上海市经济团体联合会联合发布的"2012 上海民营企业 100 强"的数据,2012 年上海民企具有以下几个特点:

一是经营规模大,100 家企业总计营业收入达到 4 422 亿元、净利润达到 282 亿元、总资产达到 4 076 亿元、所有者权益达到 1 512 亿元。其中继续领跑上海民营企业 100 强的上海复星高科技(集团)有限公司,营业收入达到 457 亿元。100 家上榜企业的平均营业收入达到 44.2 亿元,显示了以上海民营企业 100 强为代表的一部分民营企业已经成为大企业或特大型企业队伍的生力军。

二是成长性好,100 家企业营业收入同比增长 24.31%、净利润同比增长 18.64%、资产总额同比增长 13.85%,所有者权益同比增长 18.64%,在经营规模扩大的同时,继续保持着高成长性,显示了民营企业的活力。

三是获利能力强,100 家企业总资产利润率达到 6.91%、净资产利润率达到 18.64%,这两个指标都比较高,难能可贵。

四是社会贡献大,100 家企业纳税总额达到 175 亿元;吸纳劳动力达到 26.69 万人,反映了民营大企业支持上海社会发展和扩大劳动就业的成果。

五是服务业企业的经营效率明显高于制造业企业。50 家制造业企业总计营业收入、资产总额和从业人数等经营规模方面明显大于 50 家服务业企业;而在总计净利润、纳税总额等效益指标方面,50 家制造业企业与 50 家服务业企业不相上下;50 家服务业企业的人均利润 10.2 万元、人均纳税总额 9.0 万元、利润增长率 80.3%,都明显高于 50 家制造业企业。民营服务业企业以较少的资产和用工,创造了比较高的效益,预示着上海民营服务业企业今后的发展将会比民营制造业更快。

　　但是,在全国范围内来看,上海的民企不论是规模上还是品牌知名度上都需要进一步加强。根据 2012 年中华全国工商业联合会发布的中国民营企业 500 强榜单,进入该榜单的上海的民企总部只有 28 家,在全国排在第 6 位,在数量上远远落后于浙江省和江苏省(见表 5.9)。从历史数据来看,进入中国民营企业 500 强榜单的上海企业数近几年一直在 30 家以下徘徊(见图 5.1),在 2010 年这一数字降到了历史的低点。而且过去几年有多家民营企业撤离上海,把总部或重要部门迁往杭州、宁波、香港等地。这些都表明了上海投资环境对民营企业的影响力有下降的趋势,也说明上海民营企业总体生存质量不高。

表 5.9　上海民营企业在全国的地位

序号	省(区、市)	500 强企业数	占 500 强比重	营业收入总额(亿元)	占 500 强比重	资产总额(亿元)	占 500 强比重
1	浙江省	180	36.00%	14 138.22	29.85%	10 185.44	26.13%
2	江苏省	129	25.80%	14 913.35	31.49%	10 392.64	26.66%
3	山东省	36	7.20%	2 450.52	5.17%	1 783.33	4.57%
4	上海市	19	3.80%	2 184.45	4.61%	2 241.45	5.75%

注:500 强指 2012 年中国民营企业 500 强。
资料来源:中华全国工商业联合会。

　　同时,上海民营企业中的领军企业还比较缺乏,上海最大的民营企业上海复星高科技(集团)有限公司在全国只排在第 14 位,全国 100 强民营企业只有 5 家企业在上海,资产超过 100 亿的企业也只有 7 家,其他的规模都比较小,排名都在 100 名开外。从行业分布来看,入选中国民营企业 500 强的 19 家上海的民企主要集中于传统制造业中的有色金属冶炼、电气机械及器材、线缆制造及仪器仪表制造业等行业,以及第三产业中的批发零售、金融投资等行业,在先进制造业与现代服务业

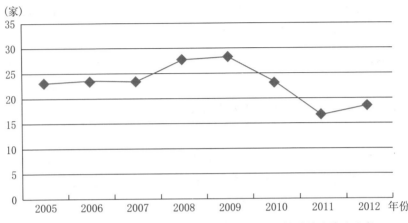

图5.1 2005—2012年进入中国民营企业500强榜单的上海企业数

的布局较少。从区县分布来看,这些企业在上海的分布比较分散,在中心城区与郊区都有布局,表明了民企在上海并未形成集聚发展的态势,还主要是作为跨国公司以及国企的补充存在的。不过,这些企业在区县的布局基本上与区域的产业发展重点是一致的(见表5.10)。

表5.10 中国民营企业500强中在沪企业的概况(2012年)

排名	企业名称	所属行业	营业收入(万元)	区 县
14	上海复星高科技(集团)有限公司	综合(含投资类)	3 609 215	黄浦区
18	东方希望集团有限公司	农业、有色金属冶炼及压延加工业、金融业等	3 240 122	浦东新区
36	上海华冶钢铁集团有限公司	有色金属冶炼及压延加工业、批发和零售业	2 201 935	宝山区
46	上海人民企业(集团)有限公司	综合(含投资类)	1 992 963	黄浦区
89	上海舜业钢铁集团有限公司	有色金属冶炼及压延加工业、批发和零售业	1 232 915	宝山区
105	上海永达控股(集团)有限公司	批发和零售业	1 101 144	卢湾区
119	大华(集团)有限公司	房地产	1 030 234	宝山区
128	上海奥盛投资控股(集团)有限公司	综合(含投资类)	980 856	浦东新区

续表

排名	企业名称	所属行业	营业收入（万元）	区 县
132	上海均瑶(集团)有限公司	综合(含投资类)	962 837	徐汇区
137	上海胜华电缆(集团)有限公司	电气机械及器材、线缆制造、仪器仪表制造业	905 327	浦东新区
198	佳杰科技上海有限公司	批发和零售业	693 925	长宁区
200	中国龙工控股有限公司	交通运输设备制造业	690 100	松江区
241	上海致达科技集团有限公司	通信设备、计算机及其他电子设备制造业	610 301	静安区
288	上海亚龙投资(集团)有限公司	电气机械及器材、线缆制造、仪器仪表制造业	517 360	黄浦区
374	宝矿国际贸易有限公司	批发和零售业	437 365	虹口
382	上海浦东电线电缆(集团)有限公司	电气机械及器材、线缆制造、仪器仪表制造业	432 361	浦东新区
391	上海鑫冶铜业有限公司	有色金属冶炼及压延加工业	428 404	金山区
458	上海百营钢铁集团有限公司	批发和零售业	388 635	宝山区
459	上海国美电器有限公司	批发和零售业	388 503	普陀区

资料来源：中华全国工商业联合会。

5.3　上海总部经济集聚区发展现状

当前，上海的总部经济发展呈现出中心城区连绵成片，周边地区点状发展，中心与外围地区功能互补，各类企业总部分产业、分层次集聚，现代服务业、生产性服务业及创意产业联动的区域发展格局。跨国公司与国内大企业的总部主要集中于中心城区的 CBD 地区，外资在华制造中心以及技术研发中心主要集中在高新技术园区和经济技术开发区内，江浙一带的企业则在上海周边现代服务业发展基础较好的地区相对集聚。据不完全统计，目前约有 70% 的大企业的总部选址于陆家嘴—南京路、淮海路—虹桥经济开发区的"总部经济"产业带上，而中小企业的总部出于控制商务成本的考虑主要选址于城市副中心或者周边的新兴总部经济集聚区。

5.3.1 陆家嘴金融贸易区

陆家嘴金融贸易区是伴随着浦东新区的开发开放而逐渐发展起来的上海总部经济核心区。目前规划建设五个城市功能集聚区,分别为以小陆家嘴为核心的国际金融贸易功能集聚区、以浦东新区办公中心为核心的花木行政文化功能集聚区、以上海新国际博览中心为核心的会展功能集聚区、以新上海商业城为核心的现代商贸功能集聚区以及由滨江及世纪大道周边组成的都市旅游功能集聚区。目前,陆家嘴金融贸易区是上海最主要的总部经济集聚区。据不完全统计,目前陆家嘴金融贸易区集聚了各类金融类机构总部近200多家,包括花旗银行、汇丰银行、交通银行等国内外著名银行总部,太平洋保险、海康人寿等保险公司总部以及国泰君安等证券公司总部等。除了金融类企业总部,陆家嘴金融贸易区还有大量的高科技型企业总部和管理类企业总部。

5.3.2 南京西路高档商务区

南京西路高档商务区位于上海市静安区内,是上海中心城区规模最大的现代化商务圈之一。依托大量的商务楼宇,南京西路高档商务区成为上海跨国公司地区总部、银行金融机构、现代专业服务机构最为发达的地区之一。目前南京西路高档商务区已集中了中外商务机构2 000余家,拥有通用电气(GE)、摩托罗拉中国公司、马士基物流、百事投资等一大批跨国公司办公机构。另外,上海一些本土企业也把公司总部放在了这一地区,如上海久正信息系统有限公司、上海摩客信息科技有限公司等。也有一些企业把具有部分总部职能的部门放在南京西路高档商务区,如上海宁康生物工程有限公司把总部放在金茂大厦,而把营销事业总部放在了南京西路高档商务区。

5.3.3 淮海中路商务楼宇集聚区

淮海中路商务楼宇集聚区的主体位于上海市黄浦区(原卢湾区)内,主要分布在淮海中路的东段，西藏南路到重庆南路一段，包括周边的太平桥地区。目前这一区域拥有瑞安广场、香港广场、力宝广场、香港新世界大厦、中环广场、大上海时代广场、企业天地大厦等十余幢高档商务楼宇。这些商务楼宇具有面积大、设施全、出入便捷、智能化程度高、坐落黄金地段等特点，一直是大型跨国公司总部选址的重要目标区域。据原卢湾区对外经济委员会统计，在 2007 年，淮海中路街区年税收超亿元的商务楼宇（亿元楼）达 11 幢，其中有个别楼宇年税收超过了 10 亿元。2007 年，这一地区成功引进美国默克、意大利、菲亚特和日本普利司通、三井住友四家世界 500 强企业入驻，加上此前引进的富士施乐、佳能公司地区总部、伊顿公司亚太总部、法国保乐利加公司等，目前入驻这一地区的世界 500 强企业及其办事机构累计已达 90 多家。

除大型企业总部外，淮海中路商务楼宇集聚区还是上海咨询服务类产业以及服务外包业的主要集聚区。目前在黄浦区落户的规模以上服务外包企业已达 110 多家，年营业收入超过 130 亿元，初步形成了以甲骨文、思科、IBM 等为代表的信息技术服务外包企业集群，以埃森哲、麦肯锡、博思艾伦为代表的人力资源服务外包企业集群，以德讯、起帆、亿嘉、伟士德为代表的物流服务外包企业集群等。

5.3.4　张江高科技园区

张江高科技园区是上海国家级高新技术产业开发区的核心区域。在建设之初，张江高科技园区的产业重心集中于高科技产业，并没有过分追求总部经济的发展，但近年来，随着一批高品质、大体量的写字楼在园区内相继建成，以及园区交通、服务、生活环境的大幅改善，张江地区的总部经济迅速发展。张江地区的总部经济发展与其园区发展的产业定位密切相关，主要集中在集成电路、软件和生物医药三大主导产业领域。目前，张江高科技园区拥有国家上海生物医药科技产业基地、国家信息产业基地、国家集成电路产业基地、国家半导体照明产业基地、国家"863"信息安全成果产业化（东部）基地、国家软件产业基地等多个国家级基地，这些基地内集聚了大批国内外知名企业。跨国公司的研发中心和国内科技创新型企业总部是张江高科技园区总部经济的主要内容。目前，张江高科技园区拥有AMD、通用电气、杜邦、霍尼韦尔、诺华、罗氏、辉瑞、葛兰素史克等跨国公司设立的研发中心。

5.3.5 漕河泾开发区

漕河泾开发区是在上海微电子工业区基础上扩建而成的全国首批 14 家国家级经济技术开发区之一。与张江高科技园区相类似,漕河泾开发区也是以科技创新型企业总部为特征的总部经济集聚区。目前,漕河泾开发区集国家级经济技术开发区、高新技术产业开发、出口加工区三种功能于一体,拥有信息、新材料、航天航空、生物医药、现代服务业五大产业集群,并正培育汽车零部件研发、环保新能源、移动通信三大新的产业亮点。高新技术类总部型项目是漕河泾开发区总部经济发展的一大特点。据统计,在漕河泾开发区不到 4 平方公里的本部区域,拥有国内外高新技术企业 1 200 多家,世界 500 强投资企业 70 多家,这些机构 90% 以上为研发中心、技术中心、采购中心等知识技术密集型的高附加值服务业项目。从总部经济集聚来源看,漕河泾开发区内总部机构主要有两类,一是区外企业首次将其企业总部或者研发中心落户漕河泾,特别是国内其他地区的一批自主创新的大企业集团或民营企业,近年来纷纷将"头脑"迁入漕河泾开发区,在区内设立管理中心与研发中心,建立了通往国际市场的桥头堡,成为漕河泾开发区发展总部经济新的闪亮点。二是早年入驻漕河泾开发区的企业在原来基础上通过增资扩股、能级提升、创新业务等多种方式将生产型企业脱胎换骨为总部型企业或新建研发中心。如 3M、泰科、飞利浦等早年进区的一批著名跨国公司,经过多年的发展与积累,近年来把握产能升级机遇,纷纷在区内寻求新发展,由最初进区设立高科技生产型企业,逐步到生产与研发并举,如今又开始新设独立研发中心、技术中心、地区总部等头脑型项目,带动了开发区总部经济的发展。

5.3.6 外高桥保税区

外高桥保税区位于上海市的东北端,濒临长江口。经过近 20 年的发展,外高桥保税区凭借其独特的口岸优势、功能优势、政策优势及服务优势,已经成为集国际贸易、先进制造、现代物流及保税商品展示交易等多种经济功能于一体的综合型保税区。近年来,为了适应上海国际贸易中心的需要,外高桥保税区提出建设跨国公司营运中心集聚区的规划设想,希望通过成功搭建一个为跨国公司提供更好服务的功能性平台,鼓励区内成功运作的外资企业,整合分散的销售渠道和关联服务,统一负责总部在中国乃至亚太地区包括进出口贸易、国内分销和售后服务等业务的功能性地区总部。2006 年 10 月,外高桥保税区正式启动了跨国公司营运中心培育工作,包括松下、惠普、日立、索尼、伊藤忠、ABB、东芝等 12 家知名跨国公司被外高桥保税区认定为首批跨国公司营运中心。跨国公司营运中心在外高桥保税区内集聚,既巩固了保税区的优势地位,同时也提升了上海国际贸易中心能级。更为重要的是,目前上海自贸试验区的核心区也是在外高桥,这将极大地推动跨国公司总部的集聚。

5.3.7　西郊生产性服务业集聚区

上海西郊生产性服务业集聚区位于嘉定区的江桥镇,是在原江桥工业区基础上发展起来的以生产性服务业为主要产业内容的总部经济集聚区。西郊生产性服务业集聚区所在区域是连接大上海经济圈与江浙经济圈的枢纽,毗邻虹桥机场、外环线、沪宁高速公路以及虹桥交通枢纽。该集聚区依托上海在金融、贸易、科技、人才、信息等方面的优势,着眼于全球制造业、服务业发展的大势,协同上海市城市发展的战略目标定位,以长三角地区的产业发展为基础,努力打造知识化、生态型、枢纽级生产性服务业集聚区,成为辐射上海、长三角乃至全国的生产性服务业商务盆地。与以往吸引制造业企业入驻不同,上海西郊生产性服务业集聚区面向长三角乃至全国,利用周边地区制造业发达和交通便利的优势,着重吸引公司总部、营销中心、研发机构、设计中心入驻,同时注重吸引中小型跨国公司总部,与张江的总部经济产业区东西呼应,形成错位互补,目标是建成国际中小型企业进入中国的桥头堡,创建融产业技术孵化中心、产品终端推广交流中心、企业总部积聚中心为一体的综合性服务基地。集聚区按照生产性服务业企业要求布局,分为企业总部基地、行业服务中心、研发服务中心、分销中心、文化核心区、金融服务平台等多形态、多功能区域,重点吸引企业总部、决策中心、研发中心、设计中心、分销中心与行业服务中心等入驻。目前,世界 500 强企业美国蓝霸汽配超市连锁有限公司、日本先锋、瑞士雀巢中国研发中心等总部性机构已经在区内落户,集聚区的总部经济初具规模。

5.3.8 大业领地企业总部花园

大业领地企业总部花园是由上海松江工业区与上海星月建设发展有限公司联合投资开发的超大型总部类项目,项目坐落于上海松江工业区西部科技园,与松江大学城相邻,地处江、浙、沪三省市交汇处,是江、浙两省企业进入上海的门户。大业领地致力于为长三角经济圈的科技型企业提供完善的商务商业配套,打造一个占领中国经济制高点,接轨世界优秀组织模式的多赢和可持续发展环境,集展示、研发、贸易、财务结算为一体的低密度、智能化、生态型总部集群花园。与陆家嘴、南京西路等市中心总部经济聚集区相比,大业领地的竞争优势在于其提供的全新商务花园型办公模式,真正实现在花园中办公的理念。完全建成后的大业领地将拥有 500 余座生态型花园总部群落,形成技术信息中心、人才培训中心、多元融资中心、综合物管中心四大服务平台,届时将有近百家国内外知名企业、近千家创新型企业在这里集聚,大业领地将成为上海郊区(县)总部经济发展的新亮点。

5.3.9 世博园区央企总部集聚区

上海浦东世博园区的 B 片区将重点打造成为央企总部集聚区,规划用地面积18.72 公顷,地下空间建筑面积约 40 万平方米,地上总建筑面积 60 万平方米,将成为环境宜人、交通便捷、低碳环保、具有活力的知名企业总部集聚区和国际一流商务街区。目前已经有两批共 13 家央企职能总部入驻。

5.3.10 虹桥商务区

上海虹桥商务区处于长三角城市轴的关键节点,是上海未来发展的重点区域。虹桥综合交通枢纽的完善,使得虹桥商务区处于长三角、长江流域乃至全国交通的核心枢纽位置,同时具有国际贸易中心功能、国家会展中心等功能。凭借这样的优势,虹桥商务区吸引了大量的商流与人流,集聚了如会展服务业、流通服务业、现代金融服务业以及创意产业等产业的总部,而其重点在于发展贸易组织机构和贸易营运型企业总部,是上海建设国际贸易中心的重要承载地。

5.4　上海总部经济竞争力分析

5.4.1　上海总部经济总体竞争力状况

根据北京市社会科学院发布的 2012 年 35 个城市总部经济发展能力的综合排名(见表 5.11),上海总部经济综合发展能力得分 86.35,排在北京之后名列第 2 位;总部经济发展能力排在前十位的城市依次是北京、上海、深圳、广州、杭州、天津、南京、成都、武汉、宁波;第一能级包括北京、上海、深圳和广州共 4 个城市,其中,上海在政府服务上优势明显,在基础条件、商务设施、研发能力和专业服务上次于北京。

表 5.11　主要城市总部经济综合发展能力排名(2012 年)

城市	综合发展能力		分　项　指　标											
			基础条件		商务设施		研发能力		专业服务		政府服务		开放程度	
	得分	排名	得分	排名	得分	排名	得分	排名	得分	排名	得分	排名	得分	排名
北京	88.66	1	82.53	1	99.57	1	87.80	1	99.99	1	84.19	8	85.75	2
上海	86.35	2	81.38	2	96.90	2	82.55	2	92.37	2	93.25	1	84.38	3
深圳	75.81	3	76.51	4	64.42	7	75.64	3	70.29	4	84.19	7	87.49	1
广州	74.27	4	76.57	3	81.52	3	70.42	4	78.19	3	57.86	13	74.12	4
杭州	62.92	5	59.82	5	68.22	6	60.45	9	58.21	7	90.88	3	56.42	10
天津	59.34	6	58.18	6	66.14	6	61.06	8	59.59	6	49.13	19	65.41	5
南京	57.62	7	53.86	7	53.65	11	62.49	6	48.11	9	89.66	4	53.93	11
成都	54.38	8	53.35	8	55.61	9	54.84	10	54.88	8	47.09	20	62.59	6
武汉	52.15	9	51.44	9	53.44	12	61.14	7	46.06	11	53.79	15	46.32	14
宁波	52.00	10	48.88	15	58.81	8	44.08	13	44.73	13	86.91	5	61.10	8

资料来源:《中国总部经济发展报告(2012—2013)》。

表 5.12　上海总部经济综合发展能力排名

		2012 年		2011 年	
		得分	排名	得分	排名
综合能力		86.4	2	87.45	2
分项指标	基础条件	81.4	2	82.67	2
	商务设施	96.9	2	97.17	2
	研发能力	82.6	2	82.79	2
	专业服务	92.4	2	92.41	2
	政府服务	93.3	1	99.68	1
	开放程度	84.4	3	84.01	3

资料来源:《中国总部经济发展报告(2012—2013)》。

从 6 个分项指标来看,上海各个方面的发展比较均衡,各项指标均位列三甲,其中政府服务高居榜首(见表 5.12)。但从纵向比较来看,在商务设施、研发能力和开放程度上的得分均出现了下降。这表明其他城市的总部经济也发展较快。因此,在企业总部数量稳定的情况下,不断加入“争夺战”的各城市都面临着很大压力。在基础条件这一指标上,上海作为长三角的龙头城市,具有优越的区位条件,具有一体化的综合交通网络,在吸引总部企业特别是跨国公司总部方面具有独特的优势。而且,上海拥有南京西路、人民广场、陆家嘴等高端商务楼宇的集聚区,新兴的金桥、张江、漕河泾以及最近发展迅速的虹桥商务区、世博园区等也对跨国公司具有很强的吸引力。只不过上海在教育、医疗、卫生、文化等方面还有提升的空间。虽然上海的商务设施环境优越,但是相比上一年来说,其出现了一定的退步。总部经济的发展需要专业服务的支持,而上海在金融的集聚、金融体系的发展上具有一定的优势,而且在商务服务信息服务、科技服务等服务业也具有较大的竞争优势,但与北京相比,在商务服务从业人员、文化传媒从业人员等方面还存在一定的差距。上海在政府服务方面在全国具有绝对的竞争优势,一直都处在全国的首位,上海市政府包括各区政府都对总部企业非常重视,上海市政府在落实《上海市鼓励跨国公司设立地区总部的规定》及实施意见的基础上,出台了《上海市关于鼓励外商投资设立研究开发机构的若干意见》等一系列政策,这些措施对总部企业不仅起到了很大扶持作用,也进一步增强了对潜在总部企业的吸引力。各区县也都出台相应的配套措施,如黄浦区采取设立 6 000 万元专项资金、给予楼宇企业奖励等政策推动总部经济发展;浦东新区不仅出台了吸引跨国公司的优惠政策措施,而且还率先推出了《关于鼓励国内大企业在浦东新区设立总部的暂行规定》,并且浦东新区政府会同海关、检验检疫、外汇、公安出入境管理等部门,推出了《关于推动浦东新区跨国公司地区总部加快发展的若干意见》(以下简称《若干意见》)。《若干意见》共 8 方面 12 条,其中,海关、检验检疫支持内容 3 条,外汇支持内容 2 条,出入境支持内容 1 条,浦东新区从财政、人才、基地建设、便捷服务、战略合作、集成服务等方面予以支持,共 6 条。上海虽然在国际开放程度上较高,相比之下,上海的区域开放程度还有一定的发展空间,目前这一指标只排在第 6 位,这也是制约上海在发展总部经济方面亟需完善的方面。

除了应对国内二、三线城市的挑战,上海还要面对诸如伦敦、纽约、新加坡、香港等成熟总部经济城市(地区)的竞争。而在这方面,上海显然并不占据优势。首先,根据我国现行规定,非金融机构不能相互有偿调拨资金,因此跨国公司地区总部无法实现资金管理职能。通过和中国人民银行上海分行的协商,目前可以通过委托贷款方式集中管理和调配资金,但依然存在手续复杂等问题。其次,跨国公司进出口经营权并不完全,地区总部的采购、销售等物流功能难以发挥。这是由进出口权和与之配套的出口退税政策在操作上的困难所造成的,而且跨国公司地区总部的进出口经营权的审批在商务部。再次,跨国公司地区总部享有的优惠政策还没能实现异地共享,下辖的中国子公司无法全面受益。例如,地区总部获得的企业诚信等级可能较高,但在外地的子公司却不能据此获得相应待遇。总部享有的通关便利、异地报关,外地子公司也无法享受。这些制度"瓶颈"的突破,还需要更高层面的政策融通。另外,虽然政策已经给跨国公司人员提供了出入境的便利,但仍存在手续繁琐、适用人群少、有效期短等问题,需要进一步改善。

上海在发展总部经济的环境方面显著弱于中国香港、新加坡等全球总部经济中心,上海拥有的外资总部经济机构数量与一些国际大都市相比还存在较大差距,目前上海的外资总部经济机构(包括跨国公司研发中心)达 800 多家,而中国香港现有近4 000 家跨国公司地区总部或办事处,新加坡的总部机构数量达到 9 000 家,其中地区总部数超过 400 家。同时,上海的外资总部经济机构主要还是面向中国国内市场的地区总部、外商投资公司和研发中心,面向亚太市场的总部项目特别是综合型、管理型总部所占比例还较低,全球总部更少。纽约拥有的世界 500 强企业的全球总部就达 40 多家,上海的跨国公司全球总部仅有 3 家。商业服务质量、法律制度的透明度、税收政策、政府效率、金融环境、多元文化习惯等都是上海亟待改进的方面。

5.4.2　上海各区县总部竞争力状况

虽然上海总部经济总体上发展良好,但其内部也存在着较为突出的问题,其中最典型的问题就是上海的各个区县在吸引总部企业上存在着较为严重的恶性竞争现象,区县往往在地价以及财税上进行"血拼",近年来也有不少企业总部为了重复享受优惠政策在不同区县之间迁移,这不仅造成了政府招商资源的浪费,也大大削弱了总部经济的效应。基于此,我们根据企业总部区位选择的诉求与总部经济发展的内涵,构建了上海各区县总部经济竞争力的综合评价框架,并运用多元统计的因子分析方法对影响各区县总部经济发展的主要因素进行了实证分析,厘清了各区县主要的竞争优势与劣势,这对各区县有的放矢地发展总部经济,形成良性的竞合格局具有重要的参考价值。

1. 总部经济发展的主要影响因素

20 世纪 80 年代,由于经济全球化与区域一体化的发展,发达国家和地区出现了总部经济集聚的现象,这引起了各界的广泛关注,国外一些专家学者开始研究企业总部成长和区位分布问题。其中代表性的有邓宁(Dunning, 1993; 1998)的国际生产折衷理论,该理论从企业组织和城市区域的综合角度来解释了企业区位选择问题。其核心思想是特定优势的理论,包括所有权优势(O)、区位优势(L)和内部化优势(I),即所谓的 OLI 范式。从邓宁开始,区位问题成为了研究跨国公司和 FDI 的重要问题。海默(Hymer)首次将钱德勒(Chandler)的企业组织等级理论与韦伯(Weber)的区位理论相结合,认为跨国公司不同部门在区位分布中具有可以辨认的等级空间布局,如公司总部倾向于集中于少数主要的大都市中心。波特(Porter)提出的价值链理论也认为企业所实施的低成本化战略促使管理、研发、生产、营销等功能环节发生空间分离,使得具有集中管理功能的公司总部、某种功能的产品总部或地区总部的出现。同样,弗里德曼(Friedman)注意到企业功能的空间分离,提出了"世界城市假说",即集聚了大量跨国公司总部和跨国银行的世界城市是世界经济的控制中心和支配中心。斯科特(Scott)认为,城市的形成来源于企业组织纵向分解及其由此产生的联系网络。所以,任一个地点的区位优势是企业内部的生产与组织机构的动态变化所产生的。上述文献的核心思想在于认为总部经济的集聚是内外部因素共同作用的结果,所谓内部因素是指优势企业从其自身经营战略、组织结构和竞争优势等方面考虑而需要建立各类总部,而外部因素是指优势企业受经济一体化、国内外合作、产业集群等方面的影响而适时、适地地建立相应的总部,并且都认为总部经济集聚区偏向于中心城市。

此外,许多研究也强调了集聚因素是影响跨国公司总部区位选择的重要因素。为了获得集聚经济,跨国公司的投资活动表现出典型的核心——外围地域分布特点,地理距离、运输成本、相关制度限制、企业规模等对这一布局的形成和发展产生了重要作用。总体而言,影响总部企业区位选择的因素可分为四类:第一,东道国市场需求和市场发展潜力(需求导向型);第二,东道国生产要素成本(成本导向型);第三,在东道国由来自同一母国(或地区)的子公司所形成的集聚效应(战略导向型);第四,东道国当地政府所推出的吸引外资的相关优惠政策(政策导向型)。

实际上,企业价值链不同环节的区位选择存在着较大的差异。一般而言,市场规模、交通便利程度、金融条件等对制造类公司总部的影响度较大;研发类跨国公司对区域或城市的技术基础或人力资本、通信水平等较为敏感;营运类跨国公司与地理方位、制度透明性和服务业发达程度关联紧密。研究还表明,高端总部企业在区位选择上对低成本劳动力这一重要因素并不敏感。2002 年,科尔尼咨询管理公司考察了全球 1 000 家跨国公司在设立地区总部时考虑的因素。调查结果显示,跨国公司在决定地区总部选址时,主要关注 11 个方面的因素:作为地区总部的声誉、潜在顾客、R&D 集中程度、管理体制、高素质的员工/劳动力、房地产/其他成本、工厂基础设施、金融体系、清洁环境、生活质量、人身安全。

2. 评价指标的选择与数据说明

实际上,能够满足总部经济集聚区位要求的地域空间极为有限,只有那些各项高级职能密集、能够提供完备的基础设施而且国际化水平较高的中心城市或区域,才有可能成为公司总部落户并开展职能活动的总部集聚区。而上海优越的区位条件以及相对完备的市场经济体系无疑对跨国公司开拓亚洲市场以及国内大企业提升品牌、进行国际化具有很强的吸引力。而且,上海各个区县都有发展不同类型总部经济的实力与潜力,在一定程度上存在着形成具有一定层次结构的上海总部经济总体格局的可能。因此,我们根据总部经济的内涵与影响因素,构建了评价区域总部经济竞争力的指标体系,并对上海各区县的总部经济竞争力及其主要维度进行了综合评估,从而有助于客观反映上海各区县总部经济的竞争优势与不足之处,为进一步完善上海总部经济的发展环境提供一定的参考。

在综合评价过程中,变量的选取与方法的选择是重要的第一步。除了结合相关的理论建立评价框架外,其中的评价指标大都来自政府招商部门等与大企业接触较多的实务部门,这使得整体的评价体系具有坚实的实践基础。综合总部经济的理论与实践的依据,根据内在关联性、资料的真实性和可获得性,可以选出可能影响总部经济区位分布的考察变量,对这些变量的说明如下:

市场规模。各区县的市场规模以及建立在规模经济基础上的发展水平在很大程度上成为决定企业总部区位选择的一个关键因素。因为较大的市场规模增加了总部企业获得规模经济的潜力,降低了生产的边际成本。市场规模越大、消费能力越强,同等规模投资的回报也更高。对市场规模的衡量,比较常见的就是用生产规模来衡量,这里以地区生产总值(区县GDP)作为其衡量标准。

市场容量。市场容量用社会消费品零售总额表示,这一指标也反映了各区县经济发展特别是商业发展的情况,一般而言,总部企业总是倾向于商业比较繁华的区县。

经济控制能力。一般而言,总部经济总是倾向于"经济控制中枢"区县,一方面,经济控制中枢区域产业的集聚效应较强,企业"扎堆"所获得的溢出效应也较大,此外,其品牌效应也更为突出。而且,这也在一定程度上体现了区县的区位优势。这里以各区县GDP占上海GDP的比重来度量区县的经济控制能力对总部经济竞争力的影响。

固定资产投资。基础设施状况是总部企业选址的基本条件之一,一般而言,总部是优势企业在该地区核心的管理部门并担负战略制定及重要事件决策的职责,所以信息的快速获取与交换异常频繁,对信息通信基础设施等均有较高的要求。但对于现阶段上海各区县来说,这一因素已经基本无差异。而固定资产投资额不仅综合体现了区县的基础设施状况,而且也显示了区县吸引总部经济的潜力。

　　人力资本与创新资源。人才素质的高低对任何一家企业的发展都起着非常重要的决定作用,尤其是关系到企业能否在本地区顺利地实现战略调整。同时,高素质的人才是地区总部活动的主体,优秀人力资源集中的地区能够为企业开展业务提供丰富的智力资源和技术支持。优势企业在进行总部区位选择时,必然会从自身战略利益出发,重点考察该地区人才的素质,具体包括人才的受教育程度、优秀员工的培训机制以及科研教育资源的丰富程度等,本书以技术人员占全部就业人员的比重来度量。区域的创新能力亦是吸引总部企业入驻的重要因素,已有的研究表明,区县具有的科技资源是吸引企业总部特别是研发类总部的重要原因,这里以科技拨款占财政支出的比重来表示区县的创新资源。

　　教育与医疗。对于一些大型企业来说,总部迁移也往往意味着企业核心领导层长期居住地的改变,迁移目标地除了具备高效的商务环境外,是否具备适合企业高级管理人员个人、家庭居住的舒适生活环境,特别是企业高管以及高素质人才子女的教育环境、医疗条件等对总部区位选择发挥着越来越重要的影响,并且优质的医疗资源与教育资源(特别是中小学)具有更强的吸引力,这在各地吸引国内企业总部上表现得尤为突出。以往的研究对此很少关注,此处用区县三甲医院数与重点中学数来对此进行衡量。

　　服务业发展水平。企业总部的一切业务都离不开服务业的支持。良好专业的服务体系对总部职能的行使起到重要的保障作用;与此同时,优势企业总部可以分享服务业集聚的外部经济效应。因此,区域的银行业、证券、保险业、房地产业、广告业、市场调查、咨询业、会计、法律服务以及信息服务业的发育状况及其国际化水平成为优势企业选择总部区位时考虑的重要因素。作为影响外部性的一个综合考察变量,我们用区县第三产业增加值占区县 GDP 的比重来衡量服务业的发展水平。

　　总部经济发展的载体。商务活动对地区总部的形象、管理技能、盈利水平和发展定位也十分重要,总部企业对高档会展中心、国际标准写字楼等商务设施同样要求较高,因此商务楼宇也是优势企业总部区位选择的基本条件。因此,我们用各区县的商务楼宇面积来衡量这一因素对总部企业选址的影响。此外,大量的实证研究也表明了集聚经济在总部企业区位选择中发挥着重要的作用,而上海各区县的开发区往往是企业"扎堆"、集聚效应较为明显的载体,基于此,这里用市级及市级以上开发区数量来衡量各区县对总部经济的影响。

跨国公司的集聚。区县已有的跨国公司总部不仅体现了各区县在总部经济发展方面的现状与实力,更是吸引更多总部企业集聚的砝码,特别是对于亟须开拓国际市场,进行国际化战略的国内总部企业具有非常大的吸引力,因此,我们用跨国公司总部数来表示区县总部经济发展的实力与潜力。

区县发展总部经济的财力。一个区县对总部企业的补贴与优惠也是总部企业落户的重要因素,一般而言,一个区县的财政收入状况越好,就有可能给出越有竞争力的优惠,因此,我们用区县财政收入占区县 GDP 的比重来进行衡量。

制度与政策因素。对于发展中国家来说,无论是地区还是城市,制度与政策的差异在吸引总部企业方面常常起到了重要的作用。企业十分强调总部所在地区的政治经济制度必须符合其成本控制原则,总部所在地区的制度是否完善,管制制度是否透明,相关法律是否规范,是否具有国民待遇甚至超国民待遇等直接决定总部的交易成本和运营成本。一般而言,各区县为了吸引总部企业入驻,都会制定相应的总部经济政策。本书假定若区县制定了专门针对总部经济发展的政策,则其制度政策对总部企业具有较强的吸引力,我们用总部经济政策这一虚拟变量来表示(若区县有针对总部经济的政策,其值取 1,否则为 0)。

此处的评价框架除了结合上述理论外,另一个重要的依据源于上海财经大学500 强企业研究中心于 2009 年至 2011 年进行的"中国大企业发展路径"的调研活动①——调研的企业包括英特尔亚太研发有限公司、通用电气(中国)研究开发中心有限公司、罗克韦尔自动化(中国)有限公司、三井住友银行上海分行、MC²、上海汽车、上海电气、宝钢、日立电机等企业,以及其与上海市商务委员会(包括各区县的商务委员会以及相关的委办)合作的课题"2010 年上海总部经济与商务布局报告"、"2011 年上海总部经济与商务布局报告"②,其中的评价指标大都来自政府招商部门等与人企业接触较多的实务部门,这使得整体的评价体系具有坚实的实践基础。根据内在关联性、资料的真实性和可获得性,遴选出的可能影响总部经济区位分布的考察变量见表 5.13,由于评价指标较多,且各指标之间存在一定的相关

---

① 本次调研活动对国内外 20 多家世界 500 强企业的高管就总部企业的选址、总部企业对政府政策的诉求等进行了访谈。

② 见《2010 上海总部经济及商务布局发展报告》、《2011 上海总部经济及商务布局发展报告》,上海科学技术文献出版社。

性,而因子分析法通过对原始变量的标准化处理和数学变换,消除了指标间的相关影响,消除了由于指标分布不同、数值本身差异所造成的不可比性,从数据源头保证了评价的质量。应用因子分析法,既可避免信息量的重复,又克服了权重确定的主观性。因此,我们选用了因子分析法对此进行综合评估。各指标数据均为 2010年的数据,其中商务楼宇面积、跨国公司数以及总部经济政策数据来自上海财经大学 500 强企业研究中心与上海市商务委员会合作的课题《2011 年上海总部经济与商务布局报告》,开发区的数据来自《2011 上海产业和信息化发展报告——开发区》,其余的数据均来自《2011 年上海统计年鉴》。

表 5.13　评价指标体系

变量	指　　　　　标
x_1	区县 GDP(万元)
x_2	区县 GDP 占上海 GDP 的比重(%)
x_3	社会消费品零售总额(亿元)
x_4	固定资产投资额(亿元)
x_5	技术人员占全部就业人员的比重(%)
x_6	科技拨款占财政支出的比重(%)
x_7	三甲医院(个)
x_8	重点中学(个)
x_9	区县第三产业增加值占区县 GDP 的比重(%)
x_{10}	商务楼宇面积(平方米)
x_{11}	市级及市级以上开发区数量(个)
x_{12}	跨国公司总部数(个)
x_{13}	区县财政收入占区县 GDP 的比重(%)
x_{14}	总部经济政策(虚拟变量)

3. 上海区县总部竞争力评价结果与分析

在因子分析之前先要进行 KMO 检验和球体检验,当 KMO 检验系数>0.5,Bartlett 球体检验的卡方统计值的显著性概率 P 值<0.05 时,才能进行因子分析。由表 5.14 可知 KMO 检验系数>0.5,P 值<0.05,因此,这里适合进行因子分析。通过因子分析对原始数据进行降维处理,以浓缩数据信息,简化指标的结构,以便用最少的综合指标来概括和显示最大量的经济事实。由于可观测变量的计量单位不同,所以先将原始数据标准化,计算出的旋转后的因子载荷矩阵如表 5.15 所示,

由累积方差贡献率可知,前三个主因子的累积方差贡献率已达85.592%,即这三个主因子能解释变异量的85.592%,所以选择前三个主因子能充分反映和代表总部经济发展的综合水平。

表 5.14 KMO 检验和球体检验

KMO 检验统计量		0.552
巴特利球体检验	卡方统计量	357.752
	自由度	91
	P 值	0.000

表 5.15 累积方差贡献率

主成分	初始特征值			初始因子载荷平方和			旋转因子载荷平方和		
	特征值	方差贡献率(%)	累积方差贡献率(%)	特征值	方差贡献率(%)	累积方差贡献率(%)	特征值	方差贡献率(%)	累积方差贡献率(%)
1	6.522	46.588	46.588	6.522	46.588	46.588	5.916	42.255	42.255
2	4.081	29.153	75.742	4.081	29.153	75.742	3.678	26.273	68.528
3	1.379	9.851	85.592	1.379	9.851	85.592	2.389	17.065	85.592
4	0.762	5.442	91.034						
5	0.437	3.119	94.154						
6	0.322	2.300	96.454						
7	0.185	1.325	97.779						
8	0.120	0.859	98.638						
9	0.088	0.629	99.266						
10	0.063	0.451	99.718						
11	0.030	0.214	99.931						
12	0.008	0.060	99.991						
13	0.001	0.007	99.998						
14	0.000	0.002	100.000						

由正交旋转后的因子载荷矩阵(见表5.16和表5.17)可知,第一主因子如固定资产投资额、区县GDP、区县GDP占上海GDP的比重、跨国公司总部数、社会消费品零售总额、市级及市级以上开发区数量、商务楼宇面积等有较大的载荷和解释能力,这些因子主要反映了市场规模、市场需求、企业集聚等市场环境方面的因素,

因此可以将其定义为市场环境因子。由旋转因子载荷矩阵可知,市场环境因子依然是上海总部经济发展的主导力量,可以解释总部经济发展的 42.255%,可见现阶段加强市场环境的建设依然是上海发展总部经济最重要的任务。而且,在这些因子中,固定资产投资、市场规模、经济控制能力、跨国公司的集聚对总部经济的发展贡献最大,可见其对经济的集聚具有很强的敏感性,这也表明了总部经济在上海的区位布局主要是出于对获取规模经济的考虑。

表 5.16　旋转因子载荷矩阵

	主　成　分		
	1	2	3
x_4	0.984	−0.006	−0.058
x_1	0.971	0.142	−0.134
x_2	0.968	0.152	−0.134
x_{12}	0.944	0.228	0.127
x_3	0.932	0.231	−0.007
x_{11}	0.716	−0.378	−0.452
x_{10}	0.641	0.424	0.556
x_5	0.007	0.905	−0.249
x_7	−0.046	0.857	0.289
x_8	0.255	0.816	0.200
x_6	0.347	0.649	0.240
x_{13}	−0.237	−0.063	0.854
x_9	−0.126	0.506	0.771
x_{14}	0.353	0.503	0.552

第二主因子如技术人员占全部就业人员的比重、三甲医院、重点中学、科技拨款占财政支出的比重等有较大的载荷和解释能力,这些因子主要反映了人力资源、医疗、教育等配套资源等因素,可以将其定义为配套资源因子。第二主因子配套资源因子权重为 26.273%,人力资源与创新能力在上海总部经济发展中亦具有重要的地位,特别是以往研究所忽略的医疗资源与教育资源在总部企业布局中发挥的作用越来越大。

第三主因子如区县财政收入占区县 GDP 的比重、区县第三产业增加值占区县 GDP 的比重、总部经济政策等有较大的载荷和解释能力,这些因子主要反映了各区县的服务业发展水平及政府的政策支持,而这些集中体现了各区县在制度政策上对总部经济的支持(大多数的研究都认为服务业的发展在很大程度上体现了制度的先进性),因此,我们可以将其定义为制度政策因子。这一主因子的权重为17.065%,与一般研究结果不同的是,总部经济支持政策与服务业的集聚并没有在总部经济发展中占据主导地位。这一方面可能表明了现在上海的总部经济政策与总部经济发展的需求之间存在着不匹配,由上面的分析结果可知目前的市场环境是总部企业集聚上海最重要的因素,而目前上海总部经济政策的重点依然在财税优惠等传统的方式上,这不仅会造成各区县之间在此方面恶性竞争,浪费了资源,而且也吸引不来真正有实力的总部企业。另外,在大多数的研究中,服务业的集聚是总部经济发展最重要的条件之一,这在一定程度上表明了上海总部经济还属于较低层次的集聚,实际情况也是如此,上海的总部企业主要集中在制造业特别是传统制造业(其比重占了70%以上),服务业鲜有涉及,一般而言,制造业类企业总部的价值增值对服务业的发展水平并不敏感。

表 5.17 评价指标因子命名

主因子		高载荷指标	因子命名
第一主因子	x_4	固定资产投资额(亿元)	市场环境因子
	x_1	区县 GDP(万元)	
	x_2	区县 GDP 占上海 GDP 的比重(%)	
	x_{12}	跨国公司总部数(个)	
	x_3	社会消费品零售总额(亿元)	
	x_{11}	市级及市级以上开发区数量(个)	
	x_{10}	商务楼宇面积(平方米)	
第二主因子	x_5	技术人员占全部就业人员的比重(%)	配套资源因子
	x_7	三甲医院(个)	
	x_8	重点中学(个)	
	x_6	科技拨款占财政支出的比重(%)	
第三主因子	x_{13}	区县财政收入占区县 GDP 的比重(%)	制度政策因子
	x_9	区县第三产业增加值占区县 GDP 的比重(%)	
	x_{14}	总部经济政策(虚拟变量)	

由于以上三类主因子所能解释的变异量不一样,它们对各区县总部经济发展的贡献也不一样,因此,为了求得一个较准确反映各区县总部经济发展的综合情况

的指标,构造如下的计分模型:

$$F_i = \omega_1 f_{1i} + \omega_2 f_{2i} + \omega_3 f_{3i}$$

$F_i(i=1, 2, \cdots, 18)$ 为第 i 区县总部经济实力的综合得分,ω_1、ω_2、ω_3 为各类主因子的方差贡献率即主因子得分的权重,f_{1i}、f_{2i}、f_{3i} 为第一主因子到第三主因子的得分。根据以上模型可计算出各区县各因子的综合得分,综合得分的经济意义在于如果综合得分为正则意味着综合水平在上海总部经济发展平均水平之上,综合得分为负则表明在平均水平以下。

由表 5.18 可知,浦东新区的综合得分在上海所有区县中遥遥领先,而其领先的主要原因在于其市场环境的领先地位,其得分达到了 3.85,远高于其他区县。总体而言,中心城区的得分要高于郊区(县)的得分,表明中心城区在发展总部经济的实力上要高于非中心城区。

表 5.18　上海各区县总部经济竞争力综合得分表

	市场环境	排名	配套资源	排名	制度政策	排名	综合得分	排名
浦东新区	3.852 67	1	0.112 92	8	0.338 18	7	2	1
原黄浦区	0.087 61	3	0.559 92	4	0.971 06	4	0.41	3
原卢湾区	−0.429 89	14	−0.256 82	10	2.112 31	1	0.13	7
徐汇区	−0.387 69	12	3.219 7	1	0.463 2	6	0.85	2
长宁区	−0.219 83	9	0.702 96	3	0.895 44	5	0.29	4
静安区	−0.445 19	15	0.251 91	5	1.781 56	2	0.21	5
普陀区	−0.315 87	11	0.049 07	9	0.145 64	8	−0.11	10
闸北区	−0.451 26	16	−0.445 53	11	1.278 4	3	−0.1	9
虹口区	−0.507 99	17	0.241 73	6	−0.152 87	9	−0.21	11
杨浦区	−0.389 2	13	0.961 83	2	−0.841 74	16	−0.07	8
宝山区	−0.178 2	7	−0.559 79	12	−0.333 21	10	−0.33	12
闵行区	0.551 71	2	0.120 62	7	−0.759 31	13	0.16	6
嘉定区	−0.016 86	5	−0.686 8	13	−0.803 42	15	−0.38	13
金山区	−0.258 59	10	−0.913 91	17	−0.765 23	14	−0.56	17
松江区	0.057 96	4	−0.870 13	16	−0.842 26	17	−0.41	14
青浦区	−0.197 64	8	−0.766 87	15	−0.660 26	12	−0.46	15
奉贤区	−0.124 48	6	−0.721 42	14	−0.871 51	18	−0.46	15
崇明县	−0.627 27	18	−0.999 36	18	−0.446 43	10	−0.7	18

注:本表数据包含未合并前的黄浦区和卢湾区。

从第一主因子的得分来看,绝大多数的区县得分均为负值,表明上海大多数区县在市场环境建设方面依然任重道远。另外,我们也发现总体而言,郊区(县)第一主因子的得分大都高于中心城区的得分,这主要是因为郊区(县)具有更大的土地优势,集聚了主要的开发区,拥有更多的商务楼宇开发的潜力,总部经济可拓展的空间更大。

从第二主因子的得分来看,其中,徐汇区的得分远远超过其他区县,而郊区(县)的得分大都在平均水平之下,在总部经济发展所需的配套资源方面,中心城区由于集聚了相应的优势资源,具有较大的发展优势,这些软实力也是郊区(县)短时期内难以超越的。

从第三主因子的得分来看,原卢湾区(现属黄浦区)与静安区具有较大的优势,中心城区依然具有领先的地位,特别是其服务业高度集聚的优势是郊区(县)所难以比拟的,而且,中心城区在制度的规范、办事效率、政策的透明度等方面也更具优势,这对吸引具有实力的大型企业总部来说具有较大的优势。

因此,尽管郊区(县)在市场环境方面比中心城区有一定的优势,但由于在配套资源与制度环境方面大大落后于中心城区,其综合得分也比较靠后。总体而言,总部经济在上海的集聚属于需求导向型与战略导向型,上海所具有的市场需求和市场发展潜力以及相应企业的集聚效应是吸引企业总部集聚的最重要因素。而且,从实际情况来看,各区县在这些因素上的差别也导致了总部企业集聚的差异,在中心城区集聚的总部企业整体水平较高,世界 500 强企业扎推较多;同时,从总部的功能来看,中心城区主要集中了行政型和投资型总部,而郊区(县)则集聚了较多的营销型和研发型总部。从这一点来看,上海总部经济的发展按照各自的优势形成了"中心—郊区"分类集聚的格局,只是这种分工的协作机制尚未完全形成。

4. 上海各区县发展总部经济的对策与建议

本部分构建了总部经济的评价体系,并从市场环境、配套资源、制度政策等方面对上海各区县总部经济的发展进行了综合评价。结果表明上海所具有的市场需求和市场发展环境以及相应企业的集聚效应是吸引总部经济集聚的最重要因素,而且以往的研究所忽视的教育资源、医疗资源等配套环境在总部经济发展中扮演着越来越重要的角色,而总部经济的发展并没有遵循政策的指导方向,其重要性不如上述两方面的因素。

　　因此,上海在发展总部经济的过程中,一方面应重视总部经济政策与企业总部需求之间的契合性,着力培育适合总部经济发展的市场环境。其次,上海各区县可根据自身的能力在总部经济发展中选择不同的路径,对于区位环境不足以吸引大型跨国公司的区域,可以先行吸引目标产业中的中小型企业,形成产业链的集聚,进而达到迂回引进大型企业总部的目的,并在二者互动过程中提升当地总部经济的实力。另外,加强区域统筹,建立促进上海各区县总部经济发展的协调机制,提高各类企业配套对接的能力,充分发掘总部经济的集聚效应与溢出效应,形成区县多层次、错位竞合的总部经济发展格局。最后,通过不断优化各类教育资源、医疗资源等配套资源,科学布局规划,合理定位现有总部经济集聚区的空间结构,以集约化思路对企业总部区位进行统筹;明确发展重心,大力扶植与城市功能定位相适应的重点集聚区;增强企业总部的根植性,充分发挥总部经济的效应。

第6章
上海总部经济与产业转型对接的现状与问题

根据前面的分析可知,总部经济与产业的转型发展具有内在逻辑的一致性。总部经济作为一种高级的经济形态,对产业转型有着重要的引领作用;同时,产业基础的升级又是总部经济发展壮大的重要条件。上面的理论分析也表明总部经济发展较好的区域都有与之相契合的产业优势,因此,二者的有效对接是总部经济发展与产业升级的关键。在现代城市发展中,其产业结构将逐步形成"三、二、一"结构,城市内部布局也必然要求作相应调整,新兴、快速发展的行业在空间竞争过程中必然将传统的、已失去优势的产业排挤出去,而且一些优势产业会由城市中心地带向外围地区扩散。在这一过程中,总部经济的发展与产业结构优化升级是联动的。上海近几年继续巩固"三、二、一"的产业结构,第三产业稳步上升,与此相呼应的是,上海的总部经济也取得了飞速的发展,不仅在数量上增幅显著,而且在质量上也得到了进一步的提升,世界500强企业也纷纷登陆上海,在产业的布局上也逐步向高端制造业和服务业延伸。因此,对照总部经济发展与产业转型升级的经验,上海总部经济的发展与产业转型升级的契合关系正由第三阶段向第四阶段过渡,在这一阶段,总部经济的集聚效应开始凸显,产业结构服务化的趋势也逐渐显现。然而,与在此方面成功的城市相比,虽然上海总部经济发展对产业转型起到了一定的促进作用,但还远远没有达到最佳的契合状态。

6.1　上海总部经济发展对产业转型的效应

　　总的来看,总部经济作为一种产业高端的经济形态,其规模的扩大本身就对上海产业结构升级以及经济转型发挥了重要作用,已经成为了上海经济的重要组成部分和推动上海经济转型的重要力量。上海总部经济的发展与产业结构的调整始终相伴随。总部集群的形成,会增加第二产业的经济总量,同时又会对第三产业特别是知识型服务业提出强烈需求,从而促进第三产业的发展,进而吸引各个行业的总部或销售、研发中心入驻。这样,既扩大了城市的产业总量,还可以提升城市的产业层次,优化城市的产业结构。

6.1.1　上海企业总部的集聚促进了经济总量的增长和经济效益的提高

　　由于企业总部具有占地小、产出大的特点,总部经济集聚区内企业密度一般都比较大。对于土地、资源紧张的上海来说,发展总部经济规避了上海土地等常规资源短缺的劣势,有效提高了经济效益、增强了经济实力。总部企业的集聚能推动集约型经济的发展,提高经济发展的效益。以总部企业扎堆的商务楼宇为例,目前,全市税收过亿的"亿元楼"已经超过 150 幢。①其中,仅新黄浦区(原黄浦区与原卢湾区合并)到 2011 年底就有 52 幢税收超亿元的楼宇。截至 2011 年,静安区共有商务楼宇 200 多幢,面积近 410 万平方米。静安区 100 幢重点楼宇合计实现税收140.7 亿元,占全区税收总额的 64.7%。全年累计税收超亿元楼宇合计达 19 幢,累计实现税收 121.8 亿元,楼均税收 6.4 亿元。浦东陆家嘴金融贸易区核心区占地面积 5.4 平方公里,2011 年平均每平方公里的投资 191 亿元,每平方公里的产出为237 亿元。2011 年陆家嘴的税收达 380.87 亿元,平均每幢楼税收超 6 亿元,有多幢楼宇税收超 10 亿元。陆家嘴也成了中国投资机构最密集、要素市场最完备、资

---

①　以下的数据分别来自上海财经大学 500 强企业研究中心数据库以及各区的商务委员会。

本集散功能最强劲的经济增长极。这些总部经济集聚区的单位面积的经济贡献大大超过了上海的平均水平,成为了上海经济转型的示范区。这些区域的经济效益也充分体现了总部经济集约型发展的特征。

6.1.2　总部经济显著推动了上海支柱产业集群的形成

总部经济通过对资源的优化配置,促进了上海产业集群和关联产业的集聚。随着上海企业总部数量不断增多,质量不断提高,相同产业链中的上下游集团总部逐渐地开始相互集聚,尤其是随着产业链龙头企业的地区总部落户上海,在全球范围内为其配套的各企业集团也纷纷随之而来,各集团之间既合作又竞争,由此形成了产业集群,并且在这一集群周围又形成了新的关联产业集聚区。这类由企业经济行为自行主导的产业集群,优化了上海的资源配置,对上海相应产业的发展起到了显著的推动作用。

回顾上海对外开放的历史我们可以发现,上海在经济发展以及引进外资中一个显著的特征就是以大企业及其总部的培育来引领产业的发展。改革开放时期,同其他地区引进外资多以港澳台中小企业为主的情况不同,上海引入的以欧美的大企业居多。特别是在 1985 年后,上海凭历史上的名声吸引了国外一批大的企业、跨国公司进入上海。到 1991 年底上海利用外资总投资在 500 万美元以上项目有 197 个。这些项目不少是由美国、日本、英国等的世界著名跨国公司投资的,且大都属于生产技术先进、产品档次较高的项目,如大众汽车、贝尔电话、福克斯波罗仪表、三菱电梯、耀华皮尔金顿浮法玻璃等。①在 2000 年初期,上海进一步确立了吸引跨国公司总部、培育本土企业总部的战略,推动了总部经济的进一步发展,相应的产业也因此而不断发展壮大。

如表 6.1 所示,在上海的几大支柱产业中,汽车产业集聚了大众汽车、通用汽车、福特汽车、德尔福等多家全球知名车企的整车组装、汽车零部件、汽车研发总部,形成了完整的设计、制造、汽车金融、培训、维修服务等完整产业链,奠定了上海汽车行业在全国的领先地位。另外,生物医药产业集聚了罗氏、诺华的总部以及葛

---

① 《上海对外经济贸易志》,上海社会科学院出版社 1996 年版。

兰素史克、阿斯利康、雅培、礼来等的研发中心,形成了医药产业强大的研发与制造
能力。同样,IT 和通信产业集聚了 IBM 全球服务(中国)有限公司、英特尔、阿尔
卡特朗讯、德州仪器、瑞萨半导体、华虹、富士通等知名跨国公司的研发中心,形成
了庞大的信息产业集群,极大地推动了信息产业的发展,也使信息产业成为了上海
的第一大产业。化工产业集聚了巴斯夫、拜耳、陶氏化学、杜邦、帝斯曼、瓦克化学、
道康宁等全球化工巨头以及中石化等国内大企业的企业总部,这也使得化工产业
成为了上海的支柱产业。作为上海金融产业发展集聚区的陆家嘴金融贸易区集聚
了 600 多家国内外金融要素市场和银行、证券、保险等中外金融机构,数量约占全
市的 70%,这些金融总部机构的集聚极大地推动了上海金融产业的发展,为上海
建设国际金融中心打下了坚实的基础。而且,在航空产业方面,中国商用大飞机总
部项目、设计研发中心、总装制造中心、发动机总装试车基地等项目落户上海后,商
飞公司将确定总体技术方案、制造总方案和客户服务总方案,进一步选定机体供应
商、动力装置供应商、系统设备供应商、材料及标准件供应商,此举将吸引集聚众多
知名的核心企业和配套企业参与合作,进一步提高上海航空航天产业的发展。

表 6.1　上海典型的总部企业与产业集群区域

产　　业	2011 年产值 (亿元)	占总产值 的比重(%)	典型总部企业	典型产业 集群区域
汽车产业	4 129.58	19.12	大众汽车、通用汽车、福特汽车、德尔福、上海汽车等	上海国际汽车城、浦东金桥
生物医药产业	641.06	3	罗氏、诺华、葛兰素史克、阿斯利康等	张江高科技园区
电子信息产业	7 166.68	33.19	IBM 全球服务(中国)有限公司、英特尔、阿尔卡特朗讯、德州仪器、华虹、富士通等	张江高科技园区
金融业	2 277.4	11.86	中国交通银行总部、多家中资银行的总部及第二总部;外资法人银行近 20 家	陆家嘴金融贸易区
石油化工及精细化工制造业	3 954.01	18.31	巴斯夫、拜耳、陶氏化学、杜邦、帝斯曼、瓦克化学、道康宁等	上海化学工业园区

　　资料来源:《2012 年上海统计年鉴》,统计数据来自主营业务收入在 2 000 万元以上的企
业,其中金融业的产值为增加值。

因此,总部经济的崛起引领了上海产业的集群发展,为相关产业的发展集聚了各种要素资源,创造了良好的产业生态系统。

6.1.3　总部经济对上海制造业的振兴起到了重要作用

总部经济理论最初就是为了解决制造业发展过程中存在的问题而提出来的,因此它对制造业的发展有着重要的作用。总部经济的发展大大扩展了中心城市的产业选择范围,使制造业找到了一条可持续发展之路。随着经济的发展,在中心城市不宜发展的某些产业的部分功能区段(包括资源消耗型的制造业),可以按照总部经济的模式进行布局,将总部设置在市区,将生产加工基地设置在拥有资源的其他地区。总部经济使中心城市的发展跳出了本地,通过与周边区域其他城市的合作,构建新的总部经济链条关系,实现了协调、互动式的发展。传统制造业通过总部与加工基地之间的区域分离实现了产业组织创新,重新焕发了生机。而由于有庞大的制造业企业的总部做支撑,现代服务业也拥有了更多的服务对象和成长的土壤,因而可以实现更大的发展。因此,总部经济对于振兴上海制造业至少具有以下意义。

一是总部经济不仅仅扩大了上海制造业的增量,更重要的是为上海提供了制造业发展的新理念。通过吸引跨国制造公司和国内制造业企业总部入驻,为上海中心城市制造业发展引入了增量资源,扩大了制造业的总量规模,优化了制造业的结构。同时,随着越来越多企业总部的入驻,总部经济集聚效应愈发显著,使制造业发展更具活力和竞争力,优化了上海城市的产业布局。譬如,以跨国公司为主体的 FDI 对上海制造业的贡献不仅体现在其对上海制造业经济规模的贡献上(至2011 年,第二产业利用的 FDI 累计达到了 466.57 亿美元),而且这些外资对上海本地的产业产生了一定的溢出效应,提升了产业的技术水平和人力资本的素质(见图6.1)。同时,上海国有企业的总部也对上海制造业的发展与升级有着不可或缺的作用,在一些重要的制造业中国有企业总部起到了领头羊的作用。譬如,上海本土的汽车企业上海汽车有限公司 2011 年实现合并销售收入 672.55 亿美元,在世界500 强企业中排名第 130 位,其对上海汽车产业的贡献巨大;上海电气集团有限公司在装备产业上也是上海整个装备业的重要支柱。这些企业总部的集聚不仅为上海产业的发展贡献了庞大的经济总量,更为重要的是,总部企业的溢出效应与示范效应对上海制造业产生了巨大的间接作用。使不同业态的人才、知识、技术乃至资本得以共享,并具有很强的溢出效应,这种溢出效应又进一步促使其他企业进入总部经济集聚区,从而提升产品的性能、强化企业的客户管理和流程管理、提高企业的技术能力,更重要的是整合各种战略资源,实现企业经营重心向价值链高端环节的转移,从而实现了产业的优化升级。

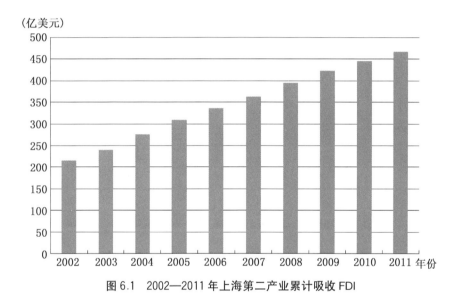

图 6.1　2002—2011 年上海第二产业累计吸收 FDI

二是总部经济为盘活上海制造业存量资源提供了一种新思路。随着上海经济的发展,中心城区的资源越来越紧张,承载能力受到了很大的局限。在这种情况下,许多企业将企业总部留在城区范围,而把生产基地从市区迁到郊区(县)乃至生产成本更低的外地,由此而腾出空间与资源用于发展附加值更高的产业。这种调整有利于突破中心城市发展制造业的资源约束,拓展了制造业的发展空间。在总部经济发展模式的推动下,上海制造业的生产加工环节在成本驱动下迁往资源、土地和普通劳动力相对丰富的城市郊区(县)和工业区,而其总部等价值链和功能链的高端环节则在中心城区不断集聚,尤其是向总部经济集聚区集聚,初步形成了"总部—制造基地"的产业功能布局。中心城区制造业的比重不断下降,服务业比重不断上升,目前中心城区的服务业的比重基本上都在 80% 以上,而郊县的大多数都在 40％ 以下(如图 6.2)。而且第三产业比重较高的中心城区其总部经济也比较发达,在总部经济的这种效应下,一方面上海也确立了做大做强现代服务业与先进制造业的思路,开始向产业高端与高端产业转型,另一方面,与此相对应的是产业布局也开始作出相应的调整,资源耗费少、经济效率高的产业向中心城区集中,而传统的制造业开始向郊县甚至外地转移。这充分发挥了中心城区的战略资源优势,促进了制造业向高端环节升级和延伸,提升了制造业的竞争力。

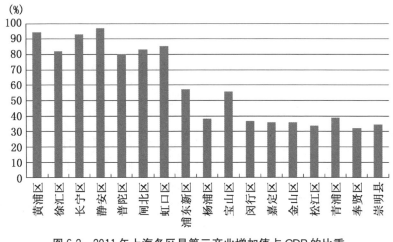

图 6.2　2011 年上海各区县第三产业增加值占 GDP 的比重

6.1.4　总部的集聚带动了高端知识型服务业的发展,推动了上海产业结构的优化升级

上海企业总部的集聚带动了一大批为总部服务的现代服务业企业的迅速崛起,产生了巨大的现代服务业需求,并且在总部经济集聚区内战略资源的支撑下,大大促进了现代服务业的集群化发展。首先,总部经济的发展推动了上海第三产业的发展。以跨国公司为主体的第三产业 FDI 的比重一直在上海占据着主导地位,且一直处于上升的趋势,目前其比重已经超过了 60％(见图 6.3)。

其次,总部经济的需求刺激了现代服务业的发展。特别是金融业、信息服务和软件业、会计法律、中介咨询、科研及技术服务等生产性服务业的发展尤为突出。其总体占第三产业的比重已经达到了 40％。其中,2011 年金融业实现增加值

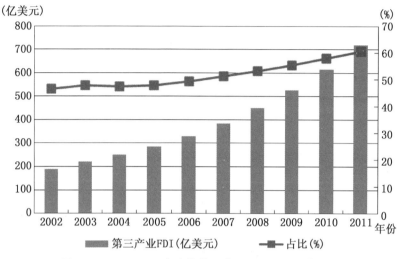

图6.3　2002—2011年上海第三产业累积FDI及其比重

2 277.40元,占第三产业的比重超过了20%(见表6.2)。而且,总部经济与这些产业在上海基本形成了一定的聚合发展,二者也形成了互动发展的平台(见表6.3)。总部经济集聚区内大量现代服务业企业的集聚,不仅提升了总部经济集聚区的发展层次和整体服务水平,而且这些现代服务企业自身也获得了良好的发展。随着产业内部分工的不断深化,许多企业总部的一些非核心业务甚至核心业务都逐步外包给一些专业的生产性服务业企业。因此,总部经济集聚区不仅促进了现代服务业的发展和集聚,提升了服务业的产业结构,而且有利于形成总部经济与现代服务业互动共赢发展的格局。

表6.2　2001—2012年上海主要现代服务业占第三产业的比重(%)

	2002年	2003年	2004年	2005年	2006年	2007年	2008年	2009年	2010年	2011年	2012年
信息传输、计算机服务和软件业	7.04	7.55	7.42	7.77	8.03	7.81	7.15	6.74	6.87	7.04	7.53
金融业	21.22	20.64	14.95	14.61	15.74	18.87	17.96	20.20	19.84	20.44	20.08
租赁和商务服务业	2.84	2.73	6.18	6.32	6.35	7.42	7.75	7.19	7.89	8.19	8.73
科学研究、技术服务和地质勘查业	2.56	2.46	4.19	4.61	4.46	4.21	4.15	4.09	3.98	4.01	4.13
合计	33.66	33.37	32.74	33.31	34.58	38.30	37.02	38.21	38.59	39.68	40.47

资料来源:历年《上海统计年鉴》。

表 6.3　上海主要现代服务业集聚区总部经济概况

现代服务业集聚区名称	总部经济概况
浦东新区陆家嘴金融贸易区	浦东新区陆家嘴金融贸易区的主导产业为金融、航运、商业贸易、商务服务、会展、旅游、文化创意等现代服务业。从城市形态上看,现代化新城区初步建成;从城市功能上看,中外金融机构集聚,以金融、航运为核心的现代服务业体系有序发展,金融机构特别是外资金融机构和总部经济集聚度高,区域经济总量占浦东新区近三成。
浦东新区张江高科技创意文化和信息服务业集聚区	浦东新区张江高科技创意文化和信息服务业集聚区集聚了一大批科技先进、内容独特、运营高效的总部企业和项目,作为园区产业发展的主力军。依托企业、技术、人才等优势,选择低能耗、高产出、具有创新精神的文化产业和信息服务业为主导产业。确立了网络游戏、动漫、新媒体等为主导产业重点领域。拥有包括首个有效运作的版权交易中心(上海文化产权交易所),首个动漫研发公共服务平台(上海动漫研发公共服务平台)等平台。综合各类服务资源,为区内企业提供 15 项基础孵化服务和 15 项专业孵化服务,搭建可持续发展的产业环境。
黄浦区西藏路环人民广场现代商务区	黄浦区西藏路环人民广场现代商务区具有得天独厚的地理优势,便捷的公共交通。拥有上海美术馆、音乐厅、大剧院等独一无二的文化设施,为集聚区的建设提供了良好的文化氛围。已初步形成功能提升、环境改善、项目引进"三位一体"并重的发展模式。全球现代服务业领军企业和跨国公司总部不断入驻,区内产业的吸附和带动功能不断增强,以创意产业园区和都市创新技术园区为主体的小型集聚区不断衍生。
黄浦区淮海中路国际时尚商务区	黄浦区淮海中路国际时尚商务区是一个较为成熟的商业商务区,商业配套完善,以人力资源、管理咨询和财务会计为主的专业服务外包和以系统集成、开发、运营为主的信息服务外包初具规模。已形成商、旅、文结合的特色休闲服务业,该区域在吸引跨国服务企业和高科技企业入驻的同时,注重生态协调、节约资源。
静安区南京西路专业服务商务区	静安区南京西路专业服务商务区分为五个功能区,旨在打造高集聚的领先业态、高知名度的主导企业、高端化的时尚品牌、高美誉度的商业商务环境。其中,石门路地区是文化传媒、公共活动和综合服务区,主要发展传媒、影视、广告产业;梅泰恒地区是商务办公、时尚休闲、品牌购物中心区;展览中心地区是商务办公、会展、酒店服务区;静安寺地区是旅游购物、办公酒店、公共活动及换乘枢纽;协和城地区是主题休闲娱乐式商、办、住综合区。
徐汇区漕河泾高新科技产业服务区	徐汇区漕河泾高新科技产业服务区定位于总部经济、研发设计、创新孵化、综合服务"四个平台"的功能目标,以高新技术产业为基础、高新技术研发和技术创新为主导、高附加值现代服务业为支撑产业的多功能综合性科技产业园区。已集聚了大批中外项目,形成了成熟的商务配套环境,产业结构也得以优化。

续表

现代服务业集聚区名称	总部经济概况
长宁区虹桥涉外商务区	长宁区虹桥涉外商务区由虹桥涉外贸易中心、中山公园商业中心和临空经济园区等组成。该区国际商贸商务功能发达，贸易营运和控制功能较强，集聚了上海市26％的国际性贸易机构和众多国内经贸机构。是上海三大会展集聚区之一，也是国家首批服务外包示范区之一。其中，中山公园地区主要发展数字媒体和专业服务业；虹桥地区通过区校合作，共建大学技术产业化基地和国家大学科技园；临空经济园区集聚了众多著名企业总部。
普陀区长风生态商务区	普陀区长风生态商务区通过建设一批生态节能建筑项目，不断提高绿化率，突出生态协调、低碳节能，逐步形成宜居宜商，区域城市功能完善、具有丰富人文气质的生态景观型现代服务业集聚区。已逐步成为上海国际大都市中生态环境优美、文化特色鲜明、服务设施先进、多国跨国公司总部入驻的现代服务业集聚区。
虹口区北外滩航运和金融服务集聚区	虹口区北外滩航运和金融服务集聚区以航运服务为龙头，以高端航运服务业为重点，形成企业成群、产业成链、要素成市的航运集聚功能，形成服务上海、服务长三角、服务全国的航运服务资源集聚中心。将逐步成为"一个基地、三个中心"（即企业总部基地、要素集聚中心、邮轮客运中心、口服服务中心）。服务区内低碳环保、生态环境良好；已集聚了各类航运要素；邮轮经济也得以快速发展。
杨浦区大连路总部研发集聚区	杨浦区大连路总部研发集聚区发挥杨浦科技人才优势，依托便捷的交通优势，以上海创意产业园区为载体，逐步形成了以研发设计、建筑设计、咨询策划、文化交流为特色的创意产业群落。成为以跨国公司研发总部办公、贸易采购、会展交流、创意产业、休闲娱乐、生态居住为主导功能的总部研发集聚区。已建成一批商业项目，并吸引众多国际性知名企业入驻。
杨浦区江湾—五角场科教商务区	杨浦区江湾—五角场科教商务区是以知识创新区公共活动为特色，融商业、金融、办公、文化体育、科技研发及居住为一体的综合性市级公共活动中心和三区融合、联动发展的示范性区域，科教特色及国际化特色突出。
宝山区宝山钢铁物流商务区	宝山区宝山钢铁物流商务区逐步实现大物流、大生产与现代服务业的有机结合。"电子信息交易中心、金融服务中心、物流分拨中心、专业服务中心"四个平台建设已初见成效；已吸引众多钢铁行业上下游的代表企业入驻，龙头作用明显；各类保险服务、物流分拨服务机构以及各类商务、生活服务等企业也逐步增多，行业集聚度显现。远期交易、咨询、电子交易等平台已经发挥重要作用。

资料来源：上海市商务委员会。

6.1.5 国内外研发总部的集聚促进了上海创新能力的提升，为上海经济转型注入了动力

上海目前有 350 多家外资研发中心，大量国内外企业研发机构特别是跨国公司研发中心的入驻进一步促进了高级人才向上海集聚，扩大了上海研发投资的规模，推动了上海的技术创新。许多产业的龙头企业都在上海设立了相应的研发中心，如通用汽车、通用电气、拜耳公司、大众汽车等，在上海都有研发中心，而且规模都很大，并逐步发展为该公司具有战略意义的全球研发中心。在沪外企设立的研发机构中电子信息产业（包括计算机、软件、通信等）、生物医药、新材料、汽车等行业，这与上海的产业发展方向也是比较契合的。一方面，外资研发通过合资研发、联合研发、委托开发、研发外包等形式，将部分技术转移到内资企业或科研机构，或者进行本土化的应用，这在一定程度上促进了上海整体技术水平的提高。另一方面，外资研发中心通过信息交流、研发资源共享等方式产生了一定的知识溢出，上海本土的企业可以学习其先进的组织、管理经验。同时，外资研发中心有系统、完善的培训体系，通过人才的流动可以对内资企业形成一定的溢出效应。

6.2 上海总部经济与产业转型对接存在的主要问题

尽管上海总部经济对上海产业的发展与转型具有较大的推动作用，但二者的融合发展还远远没有达到最佳状态。一方面，上海总部经济的发展在内涵上与产业转型升级的步伐不协调，目前上海的企业总部主要在传统制造业布局较广，在先进制造业与服务业方面的企业总部发展还比较缓慢；另一方面，一些外资企业总部与上海本土的企业合作并不紧密，二者的互动比较少，其对产业的溢出效应也并不显著。更为重要的是，目前上海引进与发展的企业的总部的级别较低，对全球价值链的整合程度较低，且主要为企业所在的母公司服务，在基础科研与技术合作上对

上海的贡献较小。同时,上海产业自身水平不高也严重影响了二者之间的互动发展。

6.2.1 总部经济对上海产业价值链的升级效应亟需提高

总部经济作为产业的高端以及价值链的组织与整合者,其对产业升级的贡献之一在于提升其附加值,向产业链的高端攀升。但上海总部经济的集聚在此方面并没有发挥相应的作用。一方面,总部企业主要集中于传统产业,真正在研发、销售等产业环节布局的比较少,即使设立了研发中心也主要为母公司服务,在上海本土扎根的比较少。因此,现阶段总部经济对上海产业价值链微笑曲线的升级效应还有待提高。而且,以总部企业集中的制造业来看,上海在此方面也没有得到较大的改善。图 6.4 显示,上海工业增加值率一直低于 30%,且近年来一直处于下降的趋势。上海总部经济的发展尽管比较迅速,且在工业中布局较广,但对上海产业价值链的提升并没有起到引领的作用。同时,在总部和研发中心集中的电子信息产业、汽车制造、生物医药等行业其增加值率并不高,与先进国家或城市相比还存在较大的差距(见表 6.4)。可见,总部经济对这些产业的促进作用还并不显著,尽管在经济总量上具有一定的集聚效应,但在核心环节上并没有带来实质性的效果。

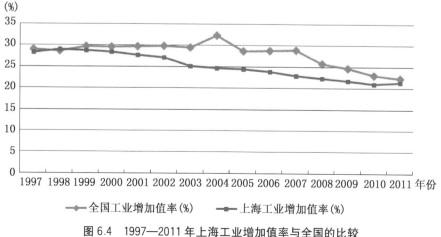

图 6.4 1997—2011 年上海工业增加值率与全国的比较

表 6.4　上海重点产业的增加值率

	增加值率(%)
产业平均	20.47
电子信息产品制造业	15.29
汽车制造业	24.17
石油化工及精细化工制造业	17.71
生物医药制造业	34.41

注:上述数据为 2007 年的数据,上海从 2007 年开始没有统计分行业的工业增加值。

6.2.2　总部经济的级别偏低影响了其整合产业资源的能力

从全球价值链中的治理模式来看,总部企业一般都在价值链中起主导作用,通过在全球范围内整合资源来实现对产业链的控制。正如前面讨论的,总部企业的迁移一般很难发生,其总部的运营基于历史传统、经济条件、政治安全和文化认同等方面的考虑,主要放在母国,充其量只是在外国设立一些区域性总部或单一职能性总部。而上海目前引进的跨国公司总部基本上属于区域性或者职能性总部,全球总部非常少,而且这些总部往往是直接为母公司或者海外市场服务的,对上海产业资源的整合能力还有所欠缺。而且,这一类的总部对成本较为敏感,并且采取"游牧式"的经营。一旦当地的要素成本上升,它们更可能的选择是产业外移到其他发展中国家,而不是留在当地完成升级。这种"无根化"的总部企业对产业升级的效应也会大打折扣。同时,上海本土的总部企业发展缓慢,对上海产业转型升级的支撑作用也有待提升。一般而言,本土总部企业的培育是上海产业转型发展的基础。上海以前对内资企业特别是民营企业总部的培育上重视度不够,导致其内资总部经济的活力不够,完全依赖外资总部一方面风险较大,另一方面产业发展的根基也不牢固。

6.2.3　总部经济对上海产业升级的技术溢出效应有待提高

我们引进外资总部企业或者研发中心的一个重要目的就是希望获得先进的技

术,但实际情况却并不如意。根据现有的调研情况,一方面从研发内容来看,上海的跨国公司研发中心可以分为基础研发、技术和产品开发、产品本地化三种类型。而绝大多数的跨国公司将上海研发中心的职能定义为技术和产品开发以及产品本地化,而真正从事基础研发的企业极少。而且,在上海的研发成果也大都返回母公司,由母公司在境外申请专利,其技术转移主要在母、子公司和全球研发网络内部循环流动,最终的专利和技术成果体现在境外。一般在至少 3 年后才会在中国申请专利,而此时,此项成果已经在境外产业化了,跟随技术而来的是成熟的产品。因此,这些总部以及研发中心并没有将先进的技术转移到上海,绝大多数从事的是本地化项目的开发,主要是基于市场需求的开发,验证这些技术成果的可行性后,再反馈给其他的研发中心。尽管外资企业在专利申请以及新产品销售上都领先于内资企业,但这些专利基本上都不属于先进的专利,其主要也是为母公司服务,其新产品产值也都是现有技术本土化的结果,而且,很大部分的产值也是用于出口。另一方面,从研发中心的组织形式来看,外商研发中心大都是独立的或者企业内设的,合资的研发中心很少,这在一定程度上也降低了外资的技术溢出效应。因此,不论是从外资研发中心所从事的研发内容还是从其组织形式上,其与上海本土企业的交集都比较少,对产业的技术溢出效应还相当有限。特别是在上高新技术的发展以及产业化等上海产业转型发展的重点方向上,外资企业在此方面的参与度与贡献度还比较小。

6.2.4　上海总部经济的"根植性"较差、与产业的契合度不高

前面的分析也提到了,上海的一些总部企业在各个区县之间迁移的现象较为突出,这不仅浪费上海的资源,而且对本地产业的发展也较为不利。造成这种现象的主要原因是企业总部的根植性较差,总部经济与产业升级的融合发展就需要与当地的经济融为一体,即要根植于当地的经济,与之共同发展。根植性一般体现为以下几方面:首先是总部企业的落地,即地理上的根植性,这是其发挥效应最基础的条件;其次是产业根植性,即要充分发挥其产业关联性,对产业的上下游环节起到重要带动效应,形成合作创新的产业集聚;最后是在上述基础上体现出来的文化根植性。目前,已经有不少总部企业落户上海,但其产业根植性和文化根植性还比

较差。一方面跨国公司总部主要利用的是上海较低的成本与庞大的市场,其更多的是利用母公司的产业网络来配置资源与构建生产网络,与本土企业更多的联系是销售其产品,因此,在很多产业集聚区尽管集中了不少的总部企业,但许多龙头企业依然在自我的产业循环中发展,与其他企业的互动较少,还属于比较松散的产业集合,并没有在周围形成良好的产业生态系统。另一方面,上海本土的企业对接总部企业的能力还有所欠缺,没有很好地融入总部企业的产业链,在零部件配套、合作研发与生产、合作市场开发等方面还不能完全与总部企业匹配。因此,为了让总部经济具有更好的根植性,上海的本土企业首先得提高自身的竞争力,一方面可以倒逼跨国公司运用更高的技术,使本土企业能获取更多的溢出效应;另外也可以增强自身嵌入乃至领导产业价值链的能力。

6.2.5 本土总部企业发展滞后限制了上海产业转型升级的空间与活力

正如前面所分析的,与跨国公司总部的发展势头相比,上海本土总部企业的发展还比较滞后,这在一定程度上也影响了上海产业的转型升级。从根本上来看,总部经济与产业的发展还有赖于上海本土企业的发展,这样的经济形态才有可持续性、抗风险能力也较强。目前上海对本土总部企业的培育的重视程度还有待提高,各个区县几乎都有针对跨国公司总部的优惠政策文件,但很少有专门针对本土企业迁入或者升级为企业总部的具体文件。同时,外地的企业也普遍反映上海对内资企业的开放度还不够,在上海产业资源的整合中一般都在内部经济系统中循环,外地企业很少能参与其中。这也是造成上海内资总部经济发展活力不够的重要原因,目前,我国优质国有企业资源正处于合并整合的时期,民营企业的发展也逐渐步入良性的轨道,因此,上海应在发展跨国公司总部的同时积极培育本土总部企业的发展,特别是在需要灵活适应市场变化的新兴产业上更是如此。我们应该特别关注和扶持那些在新兴产业中有成长潜力的企业,使其成为发展总部经济的生力军。

第7章
总部经济与产业转型对接的经验借鉴

国际性的大都市纽约、新加坡以及中国香港地区是发展总部经济比较成功的城市(地区)。而且,就可比性而言,这几个城市(地区)或是金融中心,或是贸易中心,或二者皆是,这正是上海极力要达到的高度。更为重要的是,这几个城市(地区)在发展总部经济的过程中,都曾经历过经济结构的转型,最终都成功地实现了总部经济的嬗变。因此,这些区域的做法以及成功经验对上海发展总部经济,促进产业转型具有重要的借鉴意义。

7.1 纽约:总部经济引领产业升级

纽约是目前举世公认的全球城市,也是全球总部经济的成功典范。这座国际大都市的竞争优势和独特魅力来自于它在银行、证券、保险、外贸、咨询、工程、港口、新闻、广告、会计等领域为美国甚至全球提供的优质服务及其由此奠定的难以取代的国际地位。这里不仅云集了全球相当数量的金融机构,特别是外国银行及从事金融交易的其他公司,而且也是世界最大的跨国公司总部最为集中之地,并且凭借总部经济的发展,成功实现了产业的优化升级,二者实现了很好地对接。

7.1.1 纽约经济结构变迁与总部经济的发展实践

优越的地理位置和制造业、商贸业的蓬勃发展使纽约迅速崛起为美国的进出口贸易中心。到 19 世纪末,纽约已成为美国的制造业中心、广播中心和金融中心。一战后,纽约不仅发展成为经济功能十分齐全的综合性大都市,同时逐步形成了以劳动密集型制造业为主导产业,工业门类相当齐全的产业格局。纽约经济结构变迁可划分为两个阶段:第一阶段是二战结束到 20 世纪 70 年代中期,尤其从 20 世纪 60 年代开始,纽约的产业结构出现了制造业的急剧衰退与金融业、服务业等第三产业崛起的双重变化;第二阶段是 20 世纪 70 年代中期至今,其特点是制造业和消费者服务业的产值和就业比重持续下降,生产者服务业在产值和就业份额上超过了传统的消费者服务业,同时,在城市产业的空间分布上,制造业向郊外迁移,生产者服务业向大都市中心地区集中。

纽约作为世界"总部中心"的地位也经历过波折。20 世纪 60 年代以来,特别是 1969 年的经济危机使纽约的这种地位受到极大的冲击。60 年代末,《财富》杂志公布的全美 500 家最大企业中 136 家将总部设在纽约,到 70 年代后期,锐减了 78 家,减少 40%,其中 1972—1975 年减少最快,达 25 家之多,纽约市当地税收锐减。为了扭转总部外迁不利局面,纽约于 1976 年开始实施调整战略,其中主要包括以下三项:

其一,实施城市工业园区战略。一是建立"袖珍工业园区",主要着眼于充分利用该市基础设施完备但被废弃的小区,用联邦资金在这些小区中建设使用面积为 10 万平方英尺的商用大楼,分别租给小制造业公司,以恢复和巩固纽约经济结构多样性的传统优势。二是建立"高科技产业研究园区",利用纽约市众多的大学、研究机构和企业总部的综合优势,研究和开发高科技产品,以弥补纽约在这些方面的不足,适应后工业社会城市经济结构变化的新趋势。

其二,实施区域经济发展战略。这种战略旨在加强纽约与大都市的整体优势,以此来加快市区的复兴步伐。它强调资源共享、市场共享的指导思想,承认产业对于整个大都市区的重要意义。

其三,振兴纽约的外向型服务业等第三产业部门。一是试图通过"我爱纽约"运动、世界博览会和其他活动来刺激纽约旅游业发展,使纽约成为自由储兑贸易区和会议中心。二是保持和强化纽约的国际金融中心、贸易中心的地位,以吸引更多世界企业总部落户纽约。三是全面改善与提高该市的投资环境和生活质量,营造更好的总部环境,努力使人口和外迁的企业总部回流。

　　纽约经济经过 5 年的调整,通过实施各项切合实际的复兴战略,到 1981 年初基本上回到了正常的发展轨道上来,其世界"总部中心"的地位也随之确定下来并逐步强化。在此过程中,纽约的产业分布随着工业企业内部分工的不断细化,很多企业按照产业链的要求,对企业的生产活动进行了重新布局,将处于产业链中间环节的大规模生产活动向大都市区外围或其他地区转移,同时把公司总部、研发、设计和销售中心留在市中心,大都市区更多地表现为研发、设计中心,而不是生产中心。这一趋势既表现在传统制造业部门,也表现在技术密集的高新技术产业。同时,第三产业特别是生产者服务业开始在纽约迅速崛起。从 1977 年到 1980 年,白领行业的就业增加了 17%,有一些行业的就业增长率更高,如计算机服务超过 50%,管理咨询和公共事务、工程和建筑、会计、证券等部门的就业增长率达 20%—30%。在这一时期,金融、保险和房地产业就业增长了 7.7%,通信和传媒增长了 9.4%,商务服务业增长了 24.7%,教育和科研机构增长了 8.9%,娱乐、文化、旅游增长了 7.4%,社会服务增长了 3.9%。生产者服务业的发展使纽约的就业总量又恢复到原来的水平,1987 年就业人数达到 360 万,但其就业结构已发生明显变化。1950 年,制造业就业人数达 100 万,服务业就业人数为 50 万;而到 1987 年,服务业就业人数达 100 多万人,制造业就业人数为 38.7 万人。上述特征都反映了价值链在空间上的分布,纽约逐步开始聚焦总部经济等高端产业形态,以信息、金融服务业为基础的服务业构成了纽约市的经济基础,新旧产业的交替改变纽约市的城市结构,也给纽约市的经济持续发展注入了新的活力。

7.1.2　纽约发展总部经济的主要措施

　　考察纽约总部经济的形成过程可以看到,纽约总部经济的形成是纽约经济结构调整的结果,二者实现了很好的互动。同时也得益于纽约特有的城市资源以及政府积极有效的措施推动总部经济的发展。纽约政府致力于推动经济增长和扶持商业,通过各种政策削减税收、控制开支和消除繁复的政府办公流程,为企业主营造了良好的经营环境。更为重要的是,纽约政府为曼哈顿区内金融服务业的集群发展发挥了积极规划和有利调控的作用。曼哈顿 CBD 是纽约总部经济的重要空间载体,对于纽约经济的发展起到了巨大的促进作用,这主要表现在:一是依靠曼哈顿 CBD 的影响,纽约市确立了其全球城市的形象。一批国际性和跨国性行业组织在纽约市得到发展。早在 1979 年就有 277 家日本公司、213 家英国公司、175 家法国公司、80 家瑞士公司及许多其他国家公司在纽约市设立区域总部及分支机构。二是带动支撑了纽约其他产业的发展。比如,曼哈顿 CBD 的住宅和商业用房的成交额,占美国房地产市场中此类用房成交额的 40%。三是地产增值,政府税收增加。四是成为纽约经济增长的重要动力源泉。曼哈顿地区经济增长量占纽约市总经济增长量的 82%,CBD 和它的衍生效益促进了纽约市的繁荣。研究纽约曼哈顿 CBD 的建设发展历程,可以发现纽约市政府在曼哈顿 CBD 的形成和发展中发挥了重要作用。尤其在 20 世纪 80 年代后曼哈顿 CBD 发展较为迅速的阶段,纽约市政府在改善 CBD 的总体环境方面采取了如下积极的措施。

其一,扩大曼哈顿 CBD 的地域范围。从 1980—1990 年,纽约市以写字楼为基础的产业就业人数从 79.8 万人增加到 91.5 万人,使得曼哈顿 CBD 总面积从 2 800 万平方米增加到 3 340 万平方米。曼哈顿地区的 CBD 界限也扩展到炮台公园、翠贝卡、布鲁克林下城和长岛市。

其二,加强对曼哈顿 CBD 的规划。在整个 20 世纪 80 年代,纽约市 CBD 的许多原有厂房改变为住宅楼、办公楼、机构办事处和商店。90 年代,那些被改造成办公楼的建筑也已经不能适应现代化的办公需求。纽约市规划部门要求,在进行改造的时候必须使得改造后的项目能够为纽约人创造更多的就业机会,所以在审核项目时,纽约市规划部门将尽量做到新的居民与现有的商业设施和谐。纽约市政府规划部门还根据不断变化的形势改变规划,使规划变得更可操作。并对第三产业进行研究,找出最合适该产业的地理位置、土地使用,以及更适应纽约市的经济可持续发展的规划方案。

其三,改善曼哈顿 CBD 原有的公共环境。纽约市政府对一切有碍于曼哈顿 CBD 吸引设立公司总部及办事机构以及影响旅游业发展的不利公共环境因素进行了逐一解决,如对 CBD 中原有街道、人行道的严格管理。为解决曼哈顿 CBD 的交通拥堵,纽约市政府的一贯政策是鼓励发展公共交通,不鼓励曼哈顿私家车的发展,并时刻注意进程车辆的废气排放情况。同时投入了大量资金进行环境保护和环境美化建设。

其四,支持曼哈顿地区以外的附属 CBD 的建设。除了曼哈顿 CBD 以外,在布鲁克林、长岛市也有小型的 CBD 作为曼哈顿 CBD 的后援补充。纽约市正在改善这些地区的 CBD 条件,提供办公、展览、仓库等服务,作为对曼哈顿 CBD 的补充。

7.1.3 对上海的启示

纽约总部经济形成与发展尤其是曼哈顿 CBD 建设的相关经验对上海总部经济发展及"总部基地"的建设至少可以提供两点重要启示。

一是始终将总部经济的发展与经济结构调整放在极其重要的地位。在总部经济发展的过程中,纽约始终重视发展高新技术产业和第三产业,并通过设立相应的科技园和商务中心来重点扶持,为二者的互动发展创造一切可能。纽约于上海来说具有典型的对照意义,首先,纽约是国际金融中心,这与上海的目标是一致的。而且,由于诸多大公司、大银行集中于纽约,使纽约成为国际经济的控制和决策中心。决策管理机构的大量集聚,又吸引了与之有关的各种专业服务部门,如房地产、广告、税收、法律、设计、数据处理等各类事务所。因此,上海今后的总部经济发展与产业的转型方向亦可以通过构建国际经济的控制中枢,集聚高端的产业资源,推动产业的转型升级,反过来又为总部经济的发展创造更好的基础,形成良性互动发展。

二是总部经济发展要重视城市功能的多样性。城市是经济、居住、文化、休闲、教育等多种功能的集合。由于受自然和经济条件所限,城市管理者总是根据一座城市各个区域客观资源条件的差异性,决定其优先发展某一项特定的城市功能。这样既避免重复建设又突出城市个性,从而实现有效利用城市资源的目的。因而,上海在对"总部基地"或 CBD 进行规划建设时,首先强调为企业总部提供大量商务、金融、交通、通信、法律、财务等商业运行基础条件以及总部政策、总部文化等相关总部发展软环境无疑是合理的。但仅仅如此还不够,"总部基地"建设不能忽视城市生活的整体性。总部经济发展重视城市功能多样性的好处不仅仅体现在可以为总部员工提供完善的生活环境,其重要意义还可以从以下几方面来反映:一是生活环境的完备是吸引更多总部人才向总部所在区域流动的物质基础条件,有利于该区域发展总部经济比较优势的强化;二是城市功能多样化直接关系到该区域关联产业链条的完整性,是总部经济产业乘数效应发挥更大作用的机制条件,由此为该区域带来更多的 GDP、税收及就业增长;三是城市功能多样化及其结构的合理性是城市形象和"总部基地"或 CBD 形象的重要体现,能够维持总部经济的可持续发展。

三是总部经济发展特别是 CBD 建设规划要法制化。纽约曼哈顿中城的 CBD 过去曾经一度走过一段弯路,中城街道两旁兴建的高层建筑使得这片区域难见阳光。后来纽约市政府规定,在 CBD 里的建筑必须为行人提供足够的绿地和空间,而且这个空间的比例与楼高成正比。无论公司实力如何,在纽约市这一法规面前一律平等。在制定上海总部经济发展战略和 CBD 规划过程中,我们应该更加注重提高环保意识和增加人文关怀。这不仅可以深化和丰富企业文化和总部文化的内涵,更是促进了上海区域经济与社会的同步发展。

7.2 新加坡总部经济与产业转型:从"制造基地"到"总部基地"

新加坡是世界闻名的新兴工业化国家,同时也是发展总部经济的全球典范。新加坡已是东南亚乃至全球最为著名的跨国公司总部集聚区之一,几乎所有的外域跨国公司都选择了新加坡作为进军东南亚的起点,甚至利用其作为打入亚洲市场的跳板,也有越来越多的跨国公司在新加坡设立地区总部来实施其海外扩张战略。

7.2.1 新加坡总部经济的发展历程

新加坡的发展是典型的从"制造基地"到"总部经济"的模式。新加坡得天独厚的天然优势是其经济迅速发展的基础。在 20 世纪 60 年代初新加坡就成为了"远东最重要的交通中心",二战期间新加坡是世界上最大的天然橡胶市场、国际上最重要的锡期货市场。另外,由于其地理优势及其自由化的特点,还吸引世界许多著名的石油公司纷纷到来设立区域总部或销售机构,使新加坡成为世界上主要的石油销售中心和加工基地。1966 年,世界兴起跨国公司,纷纷把制造组装基地向低成本的国家转移的浪潮,借此契机新加坡的工业政策逐步转化为出口导向,以出口为导向的制造业的兴起使得新加坡的国内生产总值和就业水平都得到迅速提高,但直到 20 世纪 80 年代初新加坡还仍然只是一个制造生产基地,产品在海外设计,只是借用新加坡工厂的生产线来生产。新加坡此时虽然只是作为总部经济生产链条上的生产制造基地,但是由于跨国公司云集,新加坡已经形成了发展总部经济的良好环境和文化氛围。20 世纪 80 年代以后新加坡政府分别制定了《20 世纪 80 年代经济发展规划》(1981 年)和《新加坡经济:新方向》(1986 年),为新加坡的经济发展提出了新方向:由出口导向的制造业转向大力发展金融和商业服务,这对新加坡最终形成总部经济具有战略意义。1981—1990 年,由于新加坡政府的政策大力支持,新加坡的金融服务业得到较大发展,在新加坡的外国银行数由 86 家增加到了128 家。到 1990 年,新加坡亚元市场已拥有了 199 个单位成员。当时新加坡已成为继伦敦、纽约和东京之后的第四大外汇交易市场,世界上著名的金融机构也纷纷在新加坡建立区域性总部,新加坡的总部经济大体形成。目前有近 4 000 家跨国公司总部入驻新加坡,已经成为世界级的总部经济中心。从发展历程来看,新加坡的总部经济发展有四个阶段:20 世纪 60 年代的酝酿阶段,20 世纪 80 年代的形成阶段,20 世纪 90 年代的高速发展阶段,2000 年以后的发展新阶段。整体上来讲,新加坡实施的总部发展计划是有效的,其要求来自全球任何国家和地区,各行各业的企业机构不论大小,均可以申请总部,根据投资规模给予适当的奖励。

7.2.2　新加坡发展总部经济的措施

新加坡的总部经济是在其天然优势基础上借由市场力量的作用而形成的,但不可否认的是,新加坡政府在总部经济形成中也发挥着重要作用。

1. 积极制定总部经济发展战略

到 20 世纪 90 年代,新加坡已成为全球第四大外汇交易市场,世界著名金融机构纷纷在此设立区域性总部和机构。政府对金融与商业发展所做的贡献之一,就是提供那些经常会被人们忽视的公共产品,如维持市场的诚实信用、市场环境对跨国公司经营的便利性以及新加坡元的币值稳定等,而这类公共产品在亚洲其他地方往往被当地政府所忽略。例如在 20 世纪 70 年代,新加坡政府通过推行金融改革措施,积极谋取新加坡在国际金融及商业上的比较优势。1971 年成立的具有类似中央银行职能的新加坡发展银行,充当了政府实现关于将新加坡建设成为"东方苏黎世"的发展战略的得力机构。如果缺乏政府的积极支持和参与,新加坡作为亚太地区金融中心和商贸中心的地位是难以确立的,总部基地更是难以形成。

2. 政府制定了一系列政策发展高新技术产业与现代服务业

在新加坡金融业和商业服务业发展过程中,政府为其制定出一项较制造业发展战略更为详细的发展战略,使得新加坡成为国际基金中心和世界著名外汇市场,确立了亚太地区金融中心和商贸中心的地位。可以说,以金融和商务为重点的现代服务业的迅速发展成为吸引跨国公司总部的重要因素,也直接为许多海外金融和商贸企业拓展了市场机会。新加坡发展高新技术产业的具体措施很多,具体有:拟订了“全国科技计划”,投资 20 亿新元在制造业、资讯工艺、电子技术、细胞生物等 9 个重要范畴进行研发,设立研发中心;在美国设办事处,通过不断针对性的宣传,吸引国外研发资金;利用国外的投资,借合作机会学习最新技术,促成技术的转移;通过“公民权”吸引外国人才。

3. 实施吸引“总部”的差别性优惠政策

为了吸引更多的跨国公司总部入驻,新加坡政府根据不同的企业总部类别采取了各种针对性的优惠措施,具体如下。

特准国际贸易计划(Approved International Trade Scheme,AITS)。新加坡贸易发展局为继续保持和加强新加坡的竞争优势,推出了《特准国际贸易计划》,吸引更多的跨国公司来新加坡设立办事处,以促进对外贸易及转口贸易的增长。对符合条件的公司每年只收 10% 的公司所得税,如:从事五大商品的国际贸易,营业额须超过 2 亿新元;具有全球贸易网络及良好的公司业绩等。

商业总部计划(Business Head-Quarters Programme,BHQ)。BHQ 的目的是奖励并协助在新加坡注册的公司或企业,将其技术扩展到本区域,并能提供商业、技术和专业服务,走商业区域化、国际化道路。由新加坡经济发展局授予“商业总部”称号的企业享有相应的优惠条件,如:从事特定领域里的业务可以享有 10 年免税优惠;对于前期享有“先锋地位”的工业,可获得 15% 的减税优惠,为期 5 年;对出口销售和服务所得收入的 50% 予以免税,为期 10 年,等等。

营业总部地位(Operational Headquarter Status,OHS)。这是新加坡政府为吸引跨国企业集团设立以新加坡为“区域营业部”而推出的优惠措施,如:凡享有新加坡经济发展局授予区域总部地位的外国公司及本国企业总公司,在 5 至 10 年内从所提供的服务中赚取的利润只交 10% 的公司所得税;岸外公司汇来的利息和权

利金,以及总公司买卖外汇所获得的利润和岸外投资所得,均可享有 10% 的公司
所得税优惠;岸外附属子公司汇来的红利享有 10 年免税优惠,等等。

跨国营业总部奖励(Regional Operational HQS for MUCS)。跨国营业总部
奖励的目的是鼓励在新加坡成立和注册的公司将总部设于新加坡,并对其海外附
属公司及其有关企业提供管理规划及协调,其优惠措施如:跨国营业总部获得的所
拥有股权的海外附属子公司或有关企业的红利可免交公司所得税,该公司若将其
转贷给区域子公司或汇入新加坡总部也不增加任何税项;在新加坡境内的跨国营
业总部,其各项管理服务收入只需交 10% 的公司所得税;跨国营业总部向新加坡
金融机构融资,并将其转贷给区域子公司或有关企业的所得利息,可申请 10% 的
优惠税率,等等。

4. 保持务实高效廉洁的政府形象

新加坡政府的高效行政和廉洁形象举世称道,是增加跨国公司投资信任度和
信心的重要砝码,也迎合了跨国公司总部讲求效率、善于捕捉商机和追求市场公平
的内在要求,为吸引跨国公司总部入驻提供了良好的制度环境。新加坡政府创造
了世界一流的行政工作效率。如专门负责投资申报、审批手续的新加坡经济发展
局,机构精简、手续简便、工作效率高,设有 5 个办事处,人员精干,职责明确。该局
在世界各国共设 13 个投资促进办事处,工作人员仅 32 人,十分干练。一项外国投
资项目从申请到批准设厂只需 10—20 天时间。新加坡政府的高效行政离不开政
府的廉政建设。新加坡政府建立、健全防止政府官员贪污的机制,实施了"反贪污
条例"并经多次完善,法律法规十分严密。成立廉政公署清查官员贪污腐化徇私舞
弊行为,执法从严,形成严密的监督和制约机制。新加坡政府十分注重"高薪养
廉",这也是该国政府廉政建设一个最具特色的方面。

7.2.3　对上海的启示

新加坡是发展中国家中总部经济形成和发展较为成功的国家,对于上海的总
部经济建设有着重要的借鉴意义。

第一,在认识总部经济形成和发展规律的基础上,政府有必要有针对性地进行
战略规划和制定措施,对企业总部的集聚进行相应引导。政府应加强对总部经济

发展的宏观指导和空间规划,要从整体和全局上进行统一规划,处理好总部集群布局与分散布局的关系,避免无序竞争和资源浪费,实现总部资源在上海范围内的合理配置。借鉴新加坡总部经济发展的经验,这种战略规划和政策引导可以从两方面着手:即在把外面的公司总部"引进来"的同时,也推动本城市企业"走出去"。新加坡总部经济发展是一个双向互动的过程,即在实施总部"引进来"战略的同时,积极主动地把本国企业推向国际市场。一方面,在新加坡经济结构调整过程中,可以把生产制造环节向外埠转移而将总部机构置留国内,提高总部在新加坡的集约度;另一方面,进军国际市场是提升新加坡及本国企业形象的过程,加强与全球跨国公司之间更广泛地合作,也是吸引跨国公司总部入驻的重要手段。上海有众多的大型企业集团,应积极鼓励并引导这些企业将其生产制造链条向其他具有成本比较优势的国家或地区转移,而其总部机构继续置留上海,同时采取措施激励这些企业加强与全球跨国公司的竞争与合作,提升上海及所属企业的整体国际形象,拉动更多的跨国公司总部"走进来"。

第二,积极实施有差别的吸引区域总部政策。上海市在跨国公司领域已经出台了有关吸引鼓励总部的相关政策,对于其他领域各种类型的总部到目前还没有相关政策,建议市政府成立"总部经济建设小组",尽快针对该问题出台相关的标准,也借鉴新加坡经验对各种总部的规模、特点进行界定,然后根据不同的情况给予相应的奖励措施。对于企业总部可以采取更灵活的做法,奖励不仅是对迁移来的企业总部的一次性奖励,对于已经在上海的企业总部,特别是一些支柱产业和对上海产业结构的升级起着关键作用的代表产业发展方向的高新技术、现代服务业等产业的企业总部,在其来上海后的若干年,应根据其每年对上海贡献的大小,也对它们实施优惠的税收政策或者增加折旧费等各种优惠政策,一方面奖励它们的贡献,另一方面也吸引它们继续投资。

第三,务实高效的政府形象对总部环境建设具有重要意义。新加坡政府的精简高效与廉政务实的形象在全球都是首屈一指的,这正迎合了跨国公司总部讲求效率、善于捕捉商机和追求市场公平的内在特质,因而其在新加坡总部经济发展中发挥着不可忽视的作用。中国正处于政府管理体制改革阶段,上海在这方面应走在前列,发挥表率作用,加强政府办事效率,维护市场公平。另外,新加坡的"总部环境"建设不仅体现在该国素有"花园城市"之称的优美和谐的自然环境,更在于其营造了一种经济开放、市场公平、体制先进、服务完善及社会文明的"总部软环境"，构筑并优化了总部经济发展所客观需要的经济社会发展条件。上海在"总部环境"的建设过程中，应当合理借鉴新加坡总部环境建设的有益经验，加快政府职能转变，提高政府办事效率，树立清正廉洁的政府形象，同时打破地方保护主义，为优势企业总部入驻营造一个公平合理的市场竞争环境。

此外，新加坡的自由贸易导向、知识型服务业的发展、宽松的投资政策、合理的人才政策以及发达的金融市场等，都是推动新加坡总部经济发展的重要因素，其对上海总部经济的建设也大有借鉴意义。

7.3　香港的总部经济：经济结构转型与总部经济耦合的典范

7.3.1　香港的产业转型与总部经济发展

纵观中国香港的经济发展历程，其过程就是一个经济结构不断转型的过程。现代意义上的香港经济始于 20 世纪 50 年代，经历了三次重大的经济转型。香港的第一次经济转型发生在 20 世纪 50 年代初，香港从以渔农为主转变为以转口贸易为主的地区，这次经济转型主要依托于香港自身优越的地理条件。第二次经济转型发生在 20 世纪 50 年代初至 70 年代末，这一期间香港集中力量发展服装等轻工业，并逐步使香港成为亚洲地区的制造业中心之一。香港经济的第三次转变从 20 世纪 80 年代初开始，这一时期香港制造业大规模北移。香港经济从 20 世纪 90 年代开始出现失衡，经济增长主要依赖于金融业和地产业，而制造业的比重大大下降，产业范围越来越窄。香港再次开始新一轮产业结构调整，与中国内地建立更加紧密的经济联系，突破香港的本地资源限制，扩大香港所控制区域的经济资源总量。香港从发展制造业转向为制造业等经济活动提供服务为主的经济结构，这种服务型的经济结构已经带有总部经济的色彩，即在企业的价值创造活动中，香港开始专门从事高端服务。大量的企业在外迁过程中，并没有把企业总部同时迁出，而是把企业总部（研发、营销、资本运作、战略管理等职能部门）继续留在香港，以利用香港人才、资本、信息等方面的优势条件。服务型的经济结构的确立与香港总部经济的发展是一个相互促进的过程,服务型经济吸引了企业总部的集聚,企业总部的集聚强化了服务型经济,这种相互推动带来了香港经济的新繁荣。

从香港总部经济的发展历程来看,其与香港作为自由港的身份密不可分。香港总部经济的发展可以归纳为 5 个阶段,每个阶段的发展都伴随着自由港的不同定位与发展态势。

第一阶段,20 世纪 50 年代,由于香港天然自由港的优势,香港从渔农经济逐渐转变为以转口贸易为主,虽然转口贸易的产业带动效应较为微弱,很难带动香港经济的发展,但此时香港的总部企业均属于贸易为主的行业,为香港总部经济的发展奠定了基础。

第二阶段,20 世纪 70 年代,由于香港逐渐成为亚洲地区的制造业中心之一,其产品的出口比重由 50 年代的 10%增加到 80%,香港经济从转口贸易的模式转变为制造出口的模式,本土的总部企业得到了发展。

第三阶段,20 世纪 80 年代初开始,香港经济逐渐从制造业为主转为服务业为主,开始专门从事高端服务,大量企业开始外迁,但是具备研发、营销、资本运作、战略管理等职能的企业总部继续留在香港,服务型经济的发展吸引了企业总部集聚,企业总部的集聚强化了服务经济,逐渐让香港成为了世界的金融中心之一。虽然这一阶段总部经济蓬勃发展,但是更多的是一种自发行为,对香港经济的影响程度还是有限。

第四阶段,20 世纪 90 年代,此时香港经济增长主要依靠金融业和地产业,随着 1997 年亚洲金融危机的发生,香港经济的发展再次转型。尤其是到了 90 年代的后半期,香港吸引的地区总部、地区办事处的数目逐年增加,总部经济强力带动了经济的发展,香港作为自由港的优势更加体现,进出口贸易、批发零售业、教育业、金融及银行业、仓储运输业等成为总部经济发展的主力军。

第五阶段,进入 21 世纪,香港成为了亚太地区的国际金融中心、国际航运中心、地区贸易中心,随着基础设施的逐渐完备,香港成为跨国公司首选的总部所在地之一。

7.3.2 香港发展总部经济的优势条件

香港在吸引企业总部或跨国公司地区总部方面具有得天独厚的优势条件。首先,香港兼具良好区位条件和完善的基础设施条件。香港地理位置优越,位于东京与新加坡之间,正处亚太区的中央,是设立区域总部的最佳区位。其次,香港具有健全的法律制度。香港的法律原则、法治精神和司法独立性、稳健性为国际社会普遍认可。第三,香港的税收制度、金融环境良好。优惠的税收政策和良好的金融环境是香港成为总部经济集聚区的又一重要因素。最后,香港紧邻亚洲及中国大陆这片天然腹地。中国是全球发展最快的经济体,其被誉为世界的生产基地的珠江三角洲成为香港吸引大公司地区总部或亚太总部入驻的重要条件和优势资源。

香港能够成为世界上最自由、最开放、最活跃的自由港,从而形成对总部经济极强的吸引力,其根本原因在于香港建立了完善的自由市场经济体制,经济运行主要靠市场自由调节,以市场作为社会资源的主要配置者,政府奉行所谓的"不干预主义"。香港一贯坚持自由企业制度和一系列自由经济政策,营造自由贸易、自由通航、自由投资、自由经营、自由外汇、自由进出、自由竞争的环境。这是市场机制得以顺畅运行的基础。

香港由于其自由港的特殊地位,并没有针对发展总部经济设置特殊的政策,所有的政策适用于各类企业,其政策的简单便捷性,成为吸引总部经济发展的重要因素。以税费为例,香港税务的好处在于只设三种税,并设有免税额制度。企业所得税最高税率为 16.5%,个人所得税最高为 15%,物业税为 15%;另外销售税、消费税、增值税、预扣税、资本增值税、股息税、遗产税等全免征。同时,在香港的报税手续十分简单,个人可自行办理,通过互联网办理也较为方便。

与此同时,香港还制定了若干支持总部企业的发展的计划政策,大致包括三大类:培育计划、信贷保证计划和市场推广基金。政府会协助外来企业申请有关计划,同时针对业务的不同发展阶段提供专业意见和服务,这些计划大大支持了外国企业总部的落地。同时重视经济立法,为市场的正常运行提供法律保障。在香港的成文法中,经济法约占 45%,它们构成了市场上完善的自由竞争的规则。这就为实现真正的自由、公平竞争,保证市场的有序运行提供了制度保障。在贸易方面,香港推行企业经营自由、贸易自由的市场经济,针对贸易不设限制,零关税、零配额,对全球各地商家一视同仁;同时对外来投资不设限制,不设外汇管制,企业所有权无国籍限制,从而大大促进了国际贸易企业的发展,一些涉及贸易的跨国公司总部愿意设点在香港。

7.3.3 对上海的启示

香港经过三次经济转型,逐渐迈上了总部经济的发展道路,现在已经发展成为我国最具有总部经济特点的地区。作为跨国公司进入中国内地的跳板,香港的金融、贸易、物流等行业也得到了发展,更加重要的是,香港经济对于周边区域经济的控制力、辐射力得到强化,通过区域合作,拓宽了自身的发展空间。对于上海而言,香港在发展总部经济方面的经验值得借鉴。

第一,政府和企业要遵循大城市的经济发展规律,顺应总部经济的发展趋势。香港总部经济的产生和发展,印证了总部经济是信息经济条件下,企业全球竞争带来的经济形态的新变化。这种变化也是经济发展的必然趋势。上海也应该充分认识这一变化趋势,遵循经济发展规律,进行相关的决策。尤其是在对待老企业外迁的问题上,应该遵循大城市的经济发展规律,顺应总部经济的发展趋势,解放思想,按照经济规律办事,促进城市经济形态的转变,允许甚至是鼓励企业将生产加工基地迁往郊区(县)甚至外地,而将企业总部留在城区。

第二,加快长三角经济协作体系的建设步伐,做好与周边区域的资源整合。良好的区域协作是总部经济形成的关键条件。香港如果没有珠三角等其他区域内密集的生产加工基地,其总部经济很难得到长足的发展。上海在发展总部经济的过程中也应该发挥区域协作的巨大潜力,把在构建上海外围地区的生产加工基地、完善总部经济链条作为重要任务去抓。

第三,上海应紧紧抓住设立自由贸易试验区的机会,在制度创新方面为总部经济的发展创造条件,自由贸易试验区会大大加快贸易、批发、零售、金融业总部企业的聚集。自由贸易区从其功能来看,主要是提倡贸易的自由、投资的自由和金融的自由,香港的发展已经做了很好的诠释。整体来说,自由贸易区让香港从一个制造业的总部经济发展模式,逐渐成长为服务业的总部经济发展模式。同时,资讯的自由流通性和廉洁的政府也是香港总部经济发展壮大的重要因素。

第8章
上海发展总部经济促进产业转型的对策建议

产业基础决定着城市的产业选择方向,功能决定着企业的选择方向,二者有机结合才能产生总部经济。同时产业基础和城市功能又共同决定着城市的禀赋优势,尤其是城市功能是使其与支撑地经济区别开来的关键所在。因此,上海发展总部经济应立足于上海经济转型的特征与产业发展的导向,着力提升城市的功能,形成总部经济的集聚。从现实情况来看,上海不论是跨国公司地区总部还是国内企业总部,其产业布局主要集中于制造业。尤以制造汽车及汽车配件、化工产品、电子电气产品、食品饮料、医疗相关产品、金属制品的为最多。这不仅与总部企业的发展趋势不一致,而且与上海的产业转型也不符。因此,上海今后应紧扣产业发展与转型战略,立足国内外优势企业总部的发展战略转型的需求,努力实现二者的良性对接。目前,上海的一般加工制造业正在萎缩,推进现代服务业与先进制造业是未来产业的发展方向。而且,上海确定了发展战略性新兴产业、加快推进高新技术产业化的战略,为上海经济发展注入新的动力与活力。并确定了新能源、民用航空制造业、先进重大装备、生物医药、电子信息制造业、新能源汽车、海洋工程装备、新材料、软件和信息服务业等9大重点领域,以此来引领上海产业的转型。基于此,上海今后总部经济的重点应聚焦上述行业的优势企业,在总量增长与结构优化中提升总部经济的能级。

上海作为综合性的全球城市,不仅需要发挥桥头堡和平台的功能来吸引跨国公司,更需要利用本土跨国机构来控制、协调全球价值链的分配,成为全球功能性机构的主要所在地,全球高端资源要素的汇聚地和流动地。如果上海仅仅是外资跨国公司地区总部的集聚区,其充其量是一个集聚资源、有一定吸引力的城市,而对于一个全球城市而言,只有本土具有一大批有广泛影响力、支配全球价值链活动以及价值分配的跨国机构才能发挥全球城市的功能。这些本土跨国机构不仅包括本土跨国公司总部,还应包括一些本土的全球服务业企业、有国际影响力的配置资源的平台等。

8.1　总体思路

　　紧扣上海产业发展战略,立足国内外优势企业总部发展战略转型的需求,努力实现二者的良性对接;按照积极服务好现有企业总部、重点引进和培育一批新的优势企业总部的工作思路,着力扩大规模、优化结构、提高水平;在总部经济的发展过程中,始终贯彻上海城市功能的转变与产业转型过程,重点聚焦金融、航运、贸易、先进制造业等行业,并有针对性地建设与完善相应的总部经济集聚区;大力增强总部经济的根植性,一方面创新工作机制,积极促进总部企业与产业上下游企业建立紧密合作的关系,增强其产业关联性,构建富有竞争力的总部经济生态系统,另一方面要着力提升总部经济的能级,重点吸引与培育对产业资源的整合能力强的总部经济组织与形态,充分放大其对产业的辐射效应。

8.2　基本原则

　　坚持开放型、市场化的原则,加强政府的引导作用,始终坚持总部经济与产业升级协调发展的原则。充分发挥市场配置资源的基础性作用,加大规划引导、政策扶持、资源倾斜的力度,强化区域协调发展,不断优化发展总部经济的软硬件环境。贯彻总部经济的发展与上海产业转型升级的方向协调一致的原则,有针对性地完善二者的对接机制。

坚持扩大总量和优化结构相结合的原则,集聚优质资源,引领上海产业的升级。以加快总部企业发展壮大为主线,在总量扩张中实现结构优化,提高总部经济发展质量和水平,加大总部经济对资源的整合与控制优势,提升上海产业的整体功能。

坚持大力引进和重点培育相结合的原则。充分发挥体制机制、市场高地和服务资源等优势,服务好现有企业总部,不断创新招商方式,继续大力引进跨国公司地区总部和国内优势企业总部落户上海,着力培育本市优势产业企业总部,为产业的调整与升级夯实基础。

坚持错位发展和协调发展相结合的原则。根据不同区域的发展条件、产业基础和布局要求,引导总部企业集聚发展,实现区县以及周边城市总部经济的错位发展和协调发展。最终实现总部—制造基地合理布局、分工的格局,引领上海产业的调整与升级。

8.3　发展重点

密切关注国内外产业发展走势,重点考虑国内优势企业战略转型与上海产业导向的匹配性。建议建立引进总部的发展目录,积极跟进,重点突破。突出"三重"原则,即聚焦"重点行业"、"重点地区"和"重点企业"。"重点行业"是指上海市重点发展的现代服务业、先进制造业、高新技术产业和优势传统产业;"重点地区"是指跨国公司和国内优势企业集聚区域,主要包括北美、欧盟、东亚、长三角、珠三角和环渤海地区;"重点企业"指的是符合上述两个条件的上海已有的企业以及入驻上海可能性较大的企业。其中重点考虑发展和引进跨国公司中的优势企业、中国 500 强企业以及在行业中居于龙头地位的国内大型企业集团,积极促进上市公司、中央大企业在上海设立具有总部性质的机构。同时,继续加强总部载体的建设,培育若干特色鲜明的总部经济集聚区;加大对国内外知名的行业协会、国际顶级的专业服务机构与中介机构的吸引力度,使上海市总部经济的结构更加科学合理。

8.3.1 着力服务好一批现有企业总部，增强其产业溢出效应

以增强现有企业总部的根植性和归属感为主要目标，将服务好上海现有的总部企业作为形成上海总部经济核心竞争力的重点工作。突出上海服务特色，加强政府与总部企业的对话机制，推行政府部门与总部企业对口联系服务制度，切实解决总部企业发展中的实际问题。与此同时，创新工作机制，积极促进总部企业与上海本土企业实施共同研发、生产以及销售，使总部企业完全融入上海的产业转型升级，充分发挥其产业溢出效应。

8.3.2 着力引进一批国内外大型企业总部，增强总部经济整合产业资源的能力

遵循上海市产业发展导向，发挥中心城市综合优势，加强国内外经济合作，深入研究总部企业尤其是跨国公司的投资及选址趋势，通过完善相关政策、优化服务、创新招商模式、增强中介服务等措施，主动出击，不断增强对国内外大型企业总部的吸引能力。重点引进跨国公司、中央大企业在上海设立地区总部或职能性总部机构，着力引进国内优秀民营企业总部。提升总部经济的能级，增强其整合全球优质资源的能力，在产业价值链上占据重要的环节，提升产业的整体水平。

8.3.3 着力培育一批本土优势产业的企业总部

利用上海加快完善现代产业体系的有利时机，重点培育体现上海产业优势的企业集团。鼓励有条件的企业在国内外建立生产基地、营销中心、研发机构，鼓励国内外行业龙头企业与上海优势企业联合，支持企业通过资本运作方式进行并购重组，对非总部升级为总部的本土企业给予奖励，提高企业市场拓展能力、融资能力和资源配置能力。引导一批符合上海现代产业发展方向、具有品牌优势和规模优势的企业做大做强，在较短时间内提升"走出去"的实力，加快成长为总部企业。

8.3.4　着力打造知名行业协会、专业服务机构的总部集聚区

知名行业协会、专业服务机构以及中介组织是企业与政府之间、企业与企业之间的桥梁与纽带。而且其总部集聚区也是一个体位更大、功能更强和影响更为广泛的"总部概念"和"总部现象"。因此，上海今后应尽快构建"上海国际行业协会和组织总部集聚区"，同时在适当的区域进行探索，为总部经济的发展提供强有力的支撑。

8.4　推进举措与政策建议

尽管上海对总部企业具有一定的地域优势，但过高的商务成本以及政策的着力点不够明确等方面大大限制了优势企业在上海的发展。更为重要的是总部经济的发展与产业的升级具有内在逻辑的一致性，如果单纯追求总部企业的落地，不从产业发展的角度来统筹总部经济发展的话，其对经济发展的效应将会大打折扣。因此，一方面上海应完善投资环境，吸引更多的总部企业入驻：加快完善总部经济各项政策的细则；立足于产业导向，放宽对民营企业的准入政策，满足民营企业的进沪需求；发掘大型企业进沪的潜在需求，做好宣传工作，积极发挥"以商招商"的效应；应该继续在市场环境秩序的建设、基础设施建设、人才环境建设、高端人才配套服务建设等方面创造更好的条件完善商务服务体系，提高商务服务质量，消化过高的商务成本带来的负面效应；建议建立吸引国内优势企业的市领导小组推进机制，协调优势企业在具体区县的落户，尽量避免区县竞争造成的资源浪费。另一方面上海应完善相关的工作机制，积极促进总部经济与上海产业发展的融合，不仅让总部落地，更重要的是推进总部经济在上海"生根"：优化总部经济集聚区的建设，在招商对象以及产业布局上实现企业总部集聚与产业发展的契合，增强总部经济的根植性；创新合作机制，优化外资总部企业与本土企业的对接合作机制，促进本土企业嵌入甚至引领产业价值链，改善产业的关联机制，发挥产业集团化发展的优

势,提升上海产业的自生能力;加大培育内资总部的力度,在市场化、开放度方面完善相应的机制,积极吸引优势的内资企业参与上海产业资源的整合,为上海总部经济与产业转型发展注入新的动力与活力。具体来看,上海应在以下几方面继续完善与加强。

第一,适应上海向高新技术产业、服务经济转型的目标,在企业总部的认定上采取更加灵活的标准,实施差异化的优惠政策,增强上海总部经济对优质服务企业的集聚。

在当前高新技术产业、服务经济迅速发展的时期,总部企业的引进不能完全以注册资本以及投资额来衡量,高新技术企业初期往往规模不大、服务企业一般也没有庞大的固定资产投资,但这些企业的经济带动效应和产业效率较高,且其能集聚更多的产业资源。而企业总部认定工作是企业总部享受政策的首要环节,因此,在一些企业总部的认定上,需要改变以前一刀切的做法,从过去单纯以注册资金、销售额等规模性指标为标准,转化为以功能性指标为标准。同时,应将对跨国公司总部的优惠政策适当向国内优势企业总部扩散。把优势企业的认定权利进一步下放到区县政府,充分调动区县推动优势企业发展的积极性,适当放宽对服务型、管理型、经济型、研发型等企业总部的认定标准。做好主要的关键生产要素资源的配置工作,形成发展企业总部经济的良好格局。根据企业总部贡献的大小实施差异化的优惠政策,根据不同的情况给予相应的奖励措施。对于企业总部可以采取更灵活的做法,奖励不仅是一次性对迁移来的企业总部进行奖励,对于已经在上海的企业总部,应根据其每年对上海贡献的大小给予适当的补贴与资助,对于一些支柱产业以及代表产业发展方向的高新技术、现代服务业等产业的企业总部,由于其对上海产业结构的升级起着关键的作用,在其来上海后的若干年,应持续对它们实施优惠的税收政策或者增加折旧费等各种优惠政策,一方面奖励它们的贡献,另一方面也吸引它们继续投资。

第二,加大力度吸引更高级别的总部企业,增强对产业资源的整合能力,充分带动上海产业价值链的升级,形成良好的总部经济生态体系。

上海在发展总部经济的选择上应该做到有的放矢,集中资源积极吸引总部经济中具有控制中枢功能的企业与组织,加强对国内优势企业投资趋势的研究,跟踪分析国内外有关行业龙头企业的发展动态;将有意向在上海投资的国内外优势企业列入总部经济重点招商目录,积极跟进招商工作,同时,充分发挥其总部在国际同行业中的影响和地位,通过它们扩大上海已有企业总部的对外影响,开展"以商引商",吸引更多优势企业的集聚。

更为重要的是创新工作机制,积极促进总部企业与上海产业的互动发展,形成具有竞争力的经济生态体系。一方面,加强产业集聚区的网络建设,形成合理的产业协同网络。各区县应积极搭建总部企业与所在地相关企业合作的平台,以及共性服务平台等增加企业的交流与合作,并且对总部企业与本土企业的合作给予一定的奖励;同时,通过各种有效的形式加强本土企业与外资企业的技术交流,实现外资企业与内资企业的资源共享和优势互补。对于外资研发中心,采取相应的优惠政策鼓励其与本土企业、科研机构合作设立研究中心、培训中心、技术联盟等组织机构,积极支持本土企业成为高水平总部企业的供应商或服务商,提高总部经济的溢出效应;另外,总部经济的发展需要主要其他产业环节的支撑,其对产业的上下游具有强大的溢出效应,其自身也会产生一定的产业需求,在诸如会计、财务管理、咨询、融资、中介组织等商务服务等方面具有较高的诉求,上海应针对这些总部企业的需求采取相应的措施积极吸引此类企业的集聚,营造富有活力、具有可持续发展能力的总部经济生态系统。

第三,创新政策体系与服务机制,降低总部企业的商务成本,构建总部—制造基地的合理布局。

优势企业总部与一般企业的需求明显不同,一般雷同的优惠政策和税收优惠已经很难打动它们,上海希望优势企业能够落户本市或继续在本市发展,就需要根据各类优势企业的发展需求进行重点跟踪,并制定一些与之相应的具有一定灵活性的政策措施。同时,许多企业都有着将总部与制造基地分离的诉求,制造基地和总部基地的分离,会给企业带来较高的交流和协作成本,而且,当企业的生产经营活动实现分离时,各种地方保护主义势必会增加企业的交易成本,阻碍企业总部活动与制造活动的分离。因此,在发展总部经济的过程中,一方面要加强产业的集聚和上下游的关联,另一方面改善商务环境,降低企业的交易成本,即要从交通、物流、信息、政府效率、信用、合约执行、融资和税收等方面着手,降低企业的协调成本。建议成立全市总部经济推进领导小组,负责本市推进总部经济发展工作,通过建立稳定、长效的沟通服务机制。进一步完善"一站式"、"一条龙"服务体系,实施全程、周到的阳光化服务,尽最大可能简化企业审批程序,减少收费环节,提高办事效率。特别是针对已经落户运营的企业,突出抓好对现有企业的服务工作。同时,针对优势企业以及总部—制造功能分离的企业所需的各种关键性生产要素予以优先配置,尤其是在财税政策、办公用地(用房)、行业准入、人才引进及降低商务运营成本等方面予以重点支持。特别是在优势企业比较关心的人才引进问题上,要建立企业总部引进人才的绿色通道,确保企业总部需要的高层次人才落户,以更加优质的服务降低商务成本对企业的影响。

同时,上海也应从长三角经济区的发展出发,加强区域总部经济的统筹。长三角近几年区域经济的高度发展,为总部经济在该区域的出现和发展奠定了基础,但由于区域内城市之间在总部经济发展定位上的重叠,产生了区域内部总部经济集聚区建设的同构性竞争。另外,由于地方政府为了本地区的利益而对区域内企业总部迁移所设置的种种政策障碍与行政干预,在一定程度上制约着长三角总部经济集聚区建设的健康协调发展。从整体上来看,长三角地区的城市群原则上都具备发展总部经济的条件,只不过在总部经济的层次、能级及职能上侧重不同。上海作为长三角的龙头城市,在总部经济发展上具有天然的优势。因此,在长三角区域一体化进程快速推进的大背景下,上海有责任立足于城市的中长期功能定位和长三角区域发展的整体利益,通过创新总部经济的发展思路,优化区域内总部经济集聚区的结构布局,在进一步增加上海的城市综合服务功能的同时,带动长三角总部经济的协调发展。今后,上海在总部经济集聚区发展中要主动选择总部经济的高端,避免与浙江、江苏的中心城市形成同质竞争。对于一些与制造部门密切关联的行政型总部、研发型总部,要积极创造条件让其落户于周边城市,以形成区域经济发展的长远竞争力,进而推动上海城市综合服务功能的提升与影响力释放。

第四,采取开放型、市场化的手段加快上海本土骨干企业的资源整合,促进内资总部经济的发展,为上海产业转型升级夯实基础。

上海总部经济与产业转型升级的基础归根结底在于本土企业的发展壮大,因此,培育本土总部企业的成长是当前不可忽视的重要的工作。基于此,上海有必要出台专门针对内资企业总部发展的政策文件,积极吸引与鼓励各种优势企业入驻,为产业的发展集聚更多的优势资源。同时,总部经济在研发、营销和治理等高附加值环节的形成需要长期的、大规模的投入。因此,上海首先应加大对当地优势企业的投入,创造一切有利条件促进本土有潜力的总部企业发展壮大,采取开放型、市场化的方式加快骨干企业资源整合。充分利用资本市场的功能,吸收体制外的优势企业积极参与,通过引进、培育形成一批品牌优势企业,引领产业要素的集聚,逐步构建成熟的产业链条,增强其在全球价值链中的定价能力,为总部经济的发展奠定基础。另一方面,加大上海本地优势企业"走出去"的力度,争取更多优质资源,通过对其他地区企业的并购重组,获得总部经济发展所需的技术、人才、市场等要素。

对于国内一些大型企业来说,总部迁移也往往意味着企业核心领导层长期居住地的改变,迁移目标地除了具备高效的商务环境外,是否具备适合企业高级管理人员个人、家庭居住的舒适生活环境,以及高水平的教育、医疗资源等往往是企业总部选址决策的一个重要影响因素。上海应充分利用中心城区的优质中小学资源以及高水平的医疗资源,以此吸引企业高管的移居上海的意愿,对企业高管人员及其子女在劳动就业、信贷融资、财务税收、子女教育、社会保障等方面给予相应优惠政策,解决高素质人才的后顾之忧。

第五,聚焦产业功能,优化上海总部经济集聚区的建设,增强总部经济的根植性。

近年来,随着城市综合服务功能不断升级以及长三角区域一体化进程加速,上海的总部经济呈现快速发展的态势。各类企业总部快速向上海集中,在提升上海总部经济实力的同时,也对上海总部经济集聚区下一阶段的建设规划提出新的要求。未来如何协调好本地区总部经济集聚区发展的功能定位,避免各集聚区在总部经济发展上的同构性竞争,同时加强上海总部经济集聚区对全国及长三角产业发展的辐射带动作用,将是上海优化总部经济集聚区建设亟待解决的重要问题。

一是要科学布局规划,合理定位现有总部经济集聚区的空间结构,以集约化思路对企业总部的区位选择进行统筹。虽然上海总部经济促进中心在 2006 年 4 月圈定了 16 家总部经济集聚区,但这些经过命名的总部经济集聚区只不过是经过市政府批准、具有一定规模的总部经济基地,实际上各区县以发展总部经济为目标所规划建设的总部经济项目至少有百个以上。这些总部经济项目以现代服务业集聚区或者创意产业园区的形式出现,在地方政府的支持下,集中本地区的要素禀赋资源吸引总部型机构入驻。有些总部经济集聚区本身的商务资源有限,为了吸引跨国公司或者国内大中型企业总部,采取给予优惠政策或者政府补贴的形式发展总部经济,其结果往往造成一座城市内部总部经济在小范围城区内的集聚,而在整个市区范围内相对分散的局面,形成各个集聚区在功能层次上的同构性,失去总部经济集聚区建设应有的意义。下一阶段,上海推进总部经济集聚区的建设工作最重要的一点就是要加强总部经济集聚区的科学规划,避免总部经济集聚区建设的一哄而上,造成不同城区总部经济集聚区之间的过度竞争,对已经批准建设的总部经济集聚区要在进行科学评估的基础上进行适当调整,同时根据城市空间布局的拓展和城市经济发展重心的转移增加新的总部经济集聚区,推进整个城市总部经济的全面、协调、可持续发展。

二是要明确发展重心,大力扶植与城市功能以及产业定位相适应的重点集聚区。当前,上海确定的城市发展目标是以国际经济、金融、贸易、航运四个中心为主要功能的社会主义现代化国际大都市以及具有全球影响力的科创中心,因此,上海的总部经济发展也要围绕未来城市发展目标以及相对应的产业发展方向,立足全球视野,借鉴纽约、东京、香港等世界级城市(地区)的发展经验,按照建设"四个中心"和国际化大都市的要求,谋划总部经济集聚区的发展思路。国际金融中心的建设需要许多高端金融活动在上海集聚,需要金融类总部的进入,因此,陆家嘴金融贸易区应该是上海总部经济集聚区发展的重中之重。国际贸易中心的建设需要高度密集的现代服务业的支撑,包括陆家嘴在内的上海市中心区域的 CBD 构成上海商贸服务业的主要载体,这些区域也应当是上海商贸类企业总部的主要集聚区。同时,虹桥商务区作为上海国际贸易中心建设的核心载体,具备便捷完善的交通条件、大规模的人流和商流汇聚效应、面向长三角的区位优势,以及周边虹桥开发区20 多年来形成的外向型商贸功能基础,与国际贸易中心的功能提升要求具有很高的契合度。虹桥商务区应致力于打造集会展、贸易配套、商务服务等功能为一体的总部经济集聚区。北外滩兼具金融类企业总部与航运总部集聚的优势,外高桥保税区的跨国公司营运中心兼具上海国际贸易中心、国际航运中心两方面的促进作用。国际经济中心建设相对而言是一个内涵丰富、外延模糊的发展目标,一般认为国际经济中心城市要同时具有较强的经济实力和对外的经济辐射和产业服务功能,因此,那些能够集聚国际知名企业总部,并且控制管理、研发、营销等高端、核心职能的区域也应该是上海总部经济集聚区发展的重点,这些区域包括上海拥有的国家级经济技术开发区,以及一些新兴的生产性服务业发展基地。

三是要增强根植性,加大总部经济集聚区与所在地的产业发展耦合。一般而言,总部经济集聚区的发展有两种模式。一种模式是在城市原有商务功能区的基础上,经由市场性力量的选择,自然演化而成总部经济集聚区,如环人民广场现代商务区和淮海中路商务楼宇集聚区、南京西路高档商务区等。另一种模式则是根据所在区域的商务经济发展前景,通过综合规划开发,新建一批商务楼宇,提供相应的商务配套,形成新兴的总部经济集聚区,如上海西郊生产性服务业集聚区。前者主要集中在中心城区,而后者则主要出现在城市的郊区(县)。前者由于已经具有一定的商务基础,总部经济集聚区建设与本地的经济社会发展结合较好,而后者由于属于新建商务区,如果不重视高端商务功能与本地产业的耦合、互动,容易形成总部经济集聚区建设的"飞地经济",区内的企业总部缺乏属地感,一旦其他区域商务条件或者给予的优惠政策更多,就会出现企业总部的迁移现象。上海未来的总部经济集聚区建设不仅要重视企业总部机构的引进工作,更重要的是加强对现有入驻总部机构的服务,努力打造集聚区的总部文化。一个好的总部经济集聚区要有地方性的产业集聚特点和地方性文化价值观念。共同的区域文化造就企业核心的增值,才能造就更大的吸引力、凝聚力,才能造成企业在一个区域真正根植。这样的总部经济集聚区不仅能够守住阵地,而且能够不断地做大、做强,成为具有文化凝聚力的总部经济集聚区的典范。

第六,抓住上海自贸试验区制度创新的机遇,努力突破制约总部经济发展的瓶颈

目前,上海总部经济发展已经迈入"千时代",对上海经济的发展与转型具有较大的推动作用,但一直以来,上海总部经济的发展还属于注重数量的粗放式发展模式,但数量上的增长并未给上海的经济带来很大的实惠。现在上海的总部企业绝大多数是行政性质的,资金运作不在其中,即其中有价值的环节并未在上海。而且,总部经济在引领上海产业的升级上也还未达到最佳的状况。上述问题的原因更多地体现在法律、行政管理体制等方面的硬性制约。不论是跨国公司总部还是内资企业总部,在发展壮大的过程中与一般企业的诉求存在着一定的差异。除了一般的税收减免、土地优惠、进出口关税优惠等以外,企业总部在资金流动、投资领域、行政审批等方面的诉求越来越强烈。而中国(上海)自由贸易试验区(以下简称

自贸试验区)在贸易、金融、投资准入等方面的改革将会对高端要素的积聚发挥重要的虹吸效应。自贸试验区内在的制度与政策创新为上海总部经济的发展提供了充分的想象空间,但上海总部经济的发展绝不仅仅限于总部企业数量的增加,更为重要的是发挥其对上海经济转型发展的引领作用。在发展思路上,我们既要做"增量",也要提升"存量"的效应。一是放大自贸试验区的制度创新效应,吸引更多更高质量的总部企业落户上海;另一方面,松绑现有总部企业的束缚,发挥其潜在的能量,增强这些企业的根植性。创新合作机制,优化外资总部企业与本土企业的对接合作机制,促进本土企业嵌入甚至引领产业价值链,提升上海总部经济的内生机制。

一是建立与国际规则相适应的法律制度,激发总部经济的发展热情。依法设立自由贸易园区并赋予一定的立法权是国际通行做法。公正透明、体系完备的法制环境是自由贸易区国际竞争力的重要体现。目前我国海关特殊监管区域在接轨国际法制环境方面还有较大差距,上海自由贸易试验区要建立与国际规则相适应的法律制度,就要营造公正透明、规范高效的法制环境,为接轨国际规则提供有力的法律保障,为我国下一步开展自由贸易园区立法工作提供试验。为了实施法令的可诉性,制定《自由贸易区法》或《自由贸易区条例》应成为当务之急。自贸试验区作为市场自由化的试验田,为企业运营带来便利的同时,企业之间的摩擦也必将会增多,政府监管的防火墙也将面临更多的挑战。而与国际规则相适应的法律制度则是处理上述问题的重要依据。规范、透明的市场规则能减少总部企业的隐形成本,也是吸引总部企业的重要因素。

二是创新监管模式,减少行政干预,降低总部企业的协调成本。自贸试验区在行政审批上的改革应主动与总部企业的发展需求相匹配。一方面在企业注册设立上体现便捷性,借鉴新加坡、中国香港的经验。在上述两地企业注册程序十分简便,创办企业所需的时间成本非常低。如在中国香港,企业设立依照公司法规一般只需要 3 个程序即可注册,且将公司注册与商业登记绑定,商业登记主要以税务为目的,并非针对监管企业的商业活动,企业注册设立后的日常监管则完全依照完整的法律法规执行,不再进行行政性管理。另一方面改善商务环境,降低企业的交易成本,即要从交通、物流、信息、政府效率、信用、合约执行、融资和税收等方面着手,降低企业与政府部门之间的协调程序,尽最大可能简化企业审批程序,减少收费环节,提高办事效率,以更加优质的服务降低协调成本对总部企业的影响。完善上述方面就需要在监管模式上进一步创新,上海自贸试验区的进一步放开必然涉及不同监管部门的职能范围,容易产生部门间权责模糊,需要尽快在法律层面上确立自贸试验区内的监管主体,规定具体职责。并建立部门间的信息共享平台,实现电子口岸、监管系统和行政管理平台的对接,实现多部门综合监管。

三是拓展现有"负面清单"的架构,逐步向"负面清单＋不符措施"的管理模式转变,为上海总部经济提供更为广阔的空间。开放宽松的外资准入制度是自由贸易试验园区实现"投资自由"的重要前提,也是其开放度和自由度的重要体现。目前"负面清单"的管理模式成为了上海自贸试验区的外商投资管理的重要方式。这也为总部企业的设立、投资的扩大提供了一个准绳,划定了界限,应该说透明化是有利于企业的稳定发展的。但从降低投资限制、扩大开放领域、营造一个有竞争力的管理模式而言,还需要在实践中不断完善这一清单,以更为开放的姿态对其作出动态调整。《中国(上海)自由贸易试验区外商投资准入特别管理措施(负面清单)(2014年修订)》较2013版取消了51项条款,由190条减少为139条。总体上看,51条减少措施中,14条是实质性取消,14条是内外资一致,23条则是被合并,表明2014版负面清单相比较2013版有所开放,但进一步开放的空间还比较大。而以北美自由贸易区(NAFTA)为代表的贸易投资协定都还包括一项"不符措施"的说明。由于我国大部分产业的竞争力还不高,相关的监管模式还不健全,因而制定一套与"负面清单"相配合的"不符措施"办法尤为重要。同时,应在负面清单的调整过程中,加快建立以动态比较优势为核心,兼顾产业安全、产业损害的负面清单制定指标体系。对于具有动态比较优势、竞争力较强的产业,我们完全可以采取更为开放的态度,鼓励这些产业在国际分工体系中抢占话语权。如鼓励类中限制合资的行业的企业以及限制类中要求有中方控股的企业中有些是具有比较优势的,因而下一阶段可以考虑进一步开放,真正体现贸易自由化、改革常态化的初衷,吸引更多的跨国公司来上海自贸试验区投资、扎根。

四是以金融创新突破总部经济发展的瓶颈,增强总部经济发展的活力。国际上成熟的自由贸易区基本都实行宽松、自由、开放的外汇管理制度和金融制度安排,而这些方面恰恰是制约上海总部经济发展不可逾越的障碍。中国作为一个后发国家,如何在金融自由化的同时控制汇率的风险、降低其对金融体系的冲击更是关键的难题之一,上海自贸试验区区内与区外的"双轨制"更是增大了套利的风险。因此,应完善金融风险控制体系,在风险可控的前提下,在上海自贸试验区内就人民币资本项目可兑换、金融市场利率市场化、人民币跨境使用等方面进行创新实验,突出其为实体经济、总部企业服务的宗旨,避免为金融而金融。同时在上海自贸试验区内逐步放开离岸人民币金融业务,对区域内企业经常项下的跨境人民币结算业务,可先允许办理,然后进行相关审核;区域内的企业在境外发行的人民币债券可以从境外拿到区域内使用,回流资金可在区域内银行开设一般存款账目;鼓励在区域内设立以人民币计价的大宗商品交易、结算平台及各种金融交易平台,同时向境外投资者开放。上海自贸试验区应在上述框架下实现金融创新为总部企业服务的目标,真正实现二者的有效对接。

第七,发挥市场的力量,大力推动本土总部经济的发展。

增强对全球价值网络的资源整合能力,充分带动上海产业价值链的升级,形成富有竞争力的价值链生态体系,提升上海整体价值链的创新能力与获利水平。价值链管控功能的实现,使得上海作为全球城市不仅仅应是吸引总部企业的桥头堡,更应成为本土跨国公司成长壮大的热土。而这就需要真正发挥市场的作用,在集聚跨国公司时,政府通过出台一些优惠政策往往能起到一定的效果,但要充分发挥跨国公司的扩散效应,特别是在培育本土跨国公司上,还得打好"市场"这张牌。一方面,以市场为导向,减少价值链环节的行政干扰,促进不同市场的融合,鼓励企业不断开拓新市场,提高企业联结新价值网络的能力;在培育本土的跨国机构方面,坚持开放型、市场化的原则,让企业利用市场化的力量发展,提供宽松的市场环境推进核心企业在技术链、产业链上的整合,逐步掌控价值链的主导权,在此基础上增强对产业链的创新能力与控制能力;同时,我们也要注重专业化中小企业的培育,这不仅有助于完善全球价值链管控功能的生态系统,而且还能发挥迂回的效果,催生具有竞争力与影响力的总部企业的诞生,从而促进本土企业由嵌入全球价值链逐步过渡到引领产业价值链。

参 考 文 献

Arrow, K., 1962, "The Economic Implications of Learning by Doing", *Review of Economic Studies*, Vol.29(3).

Barney, J.B., 1991, "Firm Resources and Sustained Competitive Advantage", *Journal of Management*, Vol.17.

Chandler, Alfred, 1990, *Scale and Scope*, Cambridge, M.A: The Belknap Press of Harvard University Press.

Chow, Gregory, 1993, "Capital Formation and Economic Growth in China", *Quarterly Journal of Economics*, 108(3).

Dunning, J.H., 1998, "Location and the Multinational Enterprise: A Neglected Factor?" *Journal of International Business Studies*, 29(1).

Dunning, J.H., 1993, *Multinational Enterprises and the Global Economy*, Wokingham, Berkshire: Addison Wesley.

Farrell, M.J., 1957, "The Measurement of Productive Efficiency", *Journal of the Royal Statistical Society: Series A*, Vol.120(3).

Friedman, J., 1986, "The World City Hypothesis", *Development and Change*, 17(1).

Hall, Robert E., and C.I.Jones, 1991, "Why Do Some Countries Produce So Much More Output per Worker than Others?" *the Quarterly Journal of Economics*, 114(1).

Hymer, S., 1982, *International Economics Policies & Their Theoretical Foundations*, Academic Press, 1982.

Leibenstein, H., 1966, "Allocative Efficiency vs. X-Efficiency", *the American Economic Review, 56(3).

Porter, M.E., Competitive Advantage, New York: Free Press, 1985.

Romer, P., 1990, "Endogenous Technological Change", Journal of Political Economy, 98(5).

Solow, Robert M., 1956, "A Contribution to the Theory of Economic Growth", Quarterly Journal of Economics, 70(1).

Scott A.J., 1986, "Industrial Organization and Location: Division of Labor, the Firm and Spatial Process", Economic Geography, 62(3).

Syverson, C., 2011, "What Determines Productivity?" Journal of Economic Literature, 49(2).

Taylor, P.J., et al., 2000, "World Cities in the Pacific Rim: A New Global Test of Regional Coherence", Singapore Journal of Tropical Geography, 21(3).

Young, A., 2003, Gold into Base Metals: Productivity Growth in the People's Republic of China during the Reform Period, Journal of Political Economy, 111(6).

蔡来兴:《上海:创建新的国际经济中心城市》,上海人民出版社 1995 年版。

陈正伟:《企业集团总部入驻条件综合评价分析》,《重庆工商大学学报》2004年第 6 期。

邓志新:《政府在发展总部经济进程中的作用及对策》,《现代经济探讨》2006年第 2 期。

董理、史小龙:《上海市三次产业技术进步水平测算及对就业影响的实证分析:1978—2011》,《上海经济研究》2013 年第 5 期。

傅钧文、刘仁毅、高哲民:《上海工业行业要素密集度测算与产业分类》,《上海经济研究》1987 年第 2 期。

高帆:《上海 GDP 增长率的因素分解及其政策含义》,《上海经济研究》2010 年第 4 期。

郭庆旺、贾俊雪:《中国全要素生产率的估算:1979—2004》,《经济研究》2005年第 6 期。

何春香:《从产业发展演进探索上海产业转型》,《科学发展》2014 年第 3 期。

胡旭辉、黄俊军:《世界 500 强的动态研究》,《世界经济研究》2003 年第 12 期。

黄桂田等:《中国制造业生产要素相对比例变化及经济影响》,北京大学出版社 2012 年版。

江若尘、余典范等,《中国(上海)自由贸易试验区对上海总部经济发展的影响研究》,《外国经济与管理》2014 年第 4 期。

蒋永坤:《跨国公司在沪设立地区总部的调研报告》,《上海综合经济》1996 年期 2 期。

金润圭、查贵勇、王浩:《跨国公司地区总部与上海经济发展》,《国际商务研究》2005 年第 4 期。

李东、李建明、王翔:《高业绩企业群体中的弱企业效应研究——以 2002—2006 中国 500 强企业为样本的分析》,《中国工业经济》2007 年第 1 期。

李伟:《上海产业结构调整及产业转移趋势研究》,《科学发展》2011 年第 6 期。

李小平、朱钟棣:《中国工业行业全要素生产率的测算——基于工业行业的面板数据分析》,《管理世界》2005 年第 4 期。

李新民:《上海外资总部经济发展现状和对策》,《国际市场》2008 年第 10 期。

李耀新:《加快推进上海产业布局和结构调整》,《科学发展》2014 年第 1 期。

廖远甦:《重估上海物质资本存量:1978—2008》,《上海经济研究》2009 年第 12 期。

林兰、屠启宇:《上海产业结构演变及其政策思考(1978—2010)》,《上海经济研究》2013 年第 8 期。

林毅夫:《发展战略、自生能力和经济收敛》,《经济学(季刊)》2002 年第 1 期。

刘伟、李绍荣:《所有制变化与经济增长和要素效率提升》,《经济研究》2001 年第 1 期。

刘小玄、郑京海:《国有企业效率的决定因素:1985—1994》,《经济研究》1998 年第 1 期。

刘志彪、张少军:《总部经济、产业升级和区域协调——基于全球价值链的分析》,《南京大学学报》2009 年第 6 期。

任永菊、张岩贵:《跨国公司地区总部的特征、类型及其来华情况分析》,《世界经济》2005 年第 1 期。

任永菊:《论跨国公司地区总部的区位选择》,中国经济出版社 2006 年版。

任永菊:《地区总部、产业结构与总部经济——来自香港的实证研究与思考》,《亚太经济》2007 年第 4 期。

上海财经大学自贸区研究院:《2014 中国(上海)自由贸易试验区发展研究报告》,上海财经大学出版社 2013 年版。

上海市商务委员会:《2010 年上海总部经济与商务布局报告》,上海科技文献出版社 2010 年版。

上海市商务委员会:《2010 世界商务发展动态》,上海科技文献出版社 2010 年版。

上海市商务委员会:《2011 年上海总部经济与商务布局报告》,上海科技文献出版社 2011 年版。

石琴、许国新:《总部经济的形成机理及其效应分析》,《理论月刊》2006 年第 8 期。

史忠良、沈红兵:《中国总部经济的形成及其发展研究》,《中国工业经济》2005 年第 5 期。

宋海岩、刘淄楠、蒋萍:《改革时期中国总投资决定因素的分析》,《世界经济文汇》2003 年第 1 期。

王浩:《地区总部、产业转型和经济发展——兼论上海营造总部经济的战略与规划》,《亚太经济》2005 年第 3 期。

王军、王凯:《对总部经济几个基本理论问题的思考》,《理论学刊》2005 年第 11 期。

王军:《国际大都市总部经济发展实践的理论逻辑及其应用》,《理论学刊》2007 年第 12 期。

王林生、范黎波:《跨国经营理论与战略》,对外经济贸易大学出版社 2003 年版。

王莹:《上海总部经济发展:现状与思考》,《上海经济研究》2006 年第 2 期。

王征:《以总部经济消除中心城市产业空心化——兼论城市产业结构的提升》,《山东工商学院学报》,2007 年第 8 期。

魏后凯、白玫:《中国上市公司总部迁移现状及特征分析》,《中国工业经济》

2008 年第 9 期。

武前波、宁越敏:《中国制造业企业 500 强总部区位特征分析》,《地理学报》2010 年第 2 期。

熊世伟、葛越峰:《跨国公司在上海的区位行为及其空间影响》,《地理科学》2000 年第 6 期。

徐金发、江青虎、张宏:《基于产业集群视角的总部经济分析》,《西北工业大学学报》2006 年第 1 期。

徐康宁、陈健:《跨国公司价值链的区位选择及其决定因素》,《经济研究》2008 年第 3 期。

颜鹏飞、王兵:《技术效率、技术进步与生产率增长:基于 DEA 的实证分析》,《经济研究》2004 年第 12 期。

杨京英等:《分析比较世界 500 强》,《中国统计》2001 年第 10 期。

叶守明:《世界 500 强排名分析与比较》,《经济纵横》2001 年第 8 期。

余典范:《总部经济区位选择及影响因素:基于上海的实证研究》,《经济管理》2011 年第 6 期。

余典范:《上海产业竞争力综合评价与对策研究》,《上海经济研究》2010 年第 9 期。

余典范:《适宜技术、制度与产业绩效:理论分析与中国的实证检验》,经济管理出版社 2014 年版。

余典范等:《2014 中国产业发展报告——新改革与大转型》,上海财经大学出版社 2014 年版。

余珮、孙永平:《集聚效应对跨国公司在华区位选择的影响》,《经济研究》2011 年第 1 期。

张军、吴桂英、张吉鹏:《中国省际物质资本存量估算:1952—2000》,《经济研究》2004 年第 10 期。

张军、章元:《对中国资本存量 K 的再估计》,《经济研究》2003 年第 7 期。

张军:《资本形成、工业化与经济增长:中国的转轨特征》,《经济研究》2002 年第 6 期。

张永庆、徐淑英:《长三角总部经济发展分析》,《经济问题探索》2008 年第

5 期。

赵弘:《总部经济》,中国经济出版社 2004 年版。

赵弘:《中国总部经济发展报告(2011—2012)》,社会科学文献出版社 2011 年版。

赵艳萍:《广州总部经济发展的 SWOT 分析——基于北京、上海总部经济发展能力评价的比较》,《工业技术经济》2011 年第 11 期。

仲崇高:《跨国公司在华地区总部区位分布的特征研究》,《河海大学学报》2010 年第 12 期。

附录 1

上海总部经济的政策汇编

上海市人民政府关于印发《上海市鼓励跨国公司
设立地区总部的规定》的通知

沪府发〔2011〕98 号

各区、县人民政府,市政府各委、办局:

现将《上海市鼓励跨国公司设立地区总部的规定》印发给你们,请认真按照执行。

上海市人民政府

二〇一一年十二月十九日

上海市鼓励跨国公司设立地区总部的规定

第一条(目的和依据)

为进一步扩大对外开放,鼓励跨国公司在本市设立地区总部,鼓励在沪跨国公司地区总部进一步集聚实体业务、拓展功能、提升能级,促进经济转型发展,根据有关法律、法规,结合本市实际,制定本规定。

第二条(定义)

本规定所称的跨国公司地区总部,是指在境外注册的母公司在本市设立,以投资或者授权形式对在一个国家以上区域内的企业履行管理和服务职能的唯一总机构。

跨国公司可以以独资的投资性公司、管理性公司等具有独立法人资格的企业组织形式,在上海设立地区总部。

投资性公司,是指跨国公司按照商务部发布的《关于外商投资举办投资性公司的规定》设立的从事直接投资的公司。

管理性公司,是指跨国公司为整合管理、研发、资金管理、采购、销售、物流及支持服务等营运职能而设立的公司。

第三条(适用范围)

在本市范围内设立的跨国公司地区总部(以下简称"地区总部"),适用本规定。

第四条(管理部门)

市商务委负责地区总部的认定工作,协调有关部门开展对地区总部的管理服务。

工商、财政、税务、外事、人力资源和社会保障、出入境管理、外汇管理、海关、出入境检验检疫等部门在各自职责范围内,做好对地区总部的管理服务工作。

第五条(认定条件)

已经设立的外商投资性公司,可以直接申请认定为地区总部。

管理性公司申请认定地区总部,应当符合下列条件:

(一) 母公司的资产总额不低于4亿美元。

(二) 母公司已在中国境内投资累计缴付的注册资本总额不低于1 000万美元,且母公司授权管理的中国境内外企业不少于3个;或者母公司授权管理的中国境内外企业不少于6个。基本符合前述条件,并为所在地区经济发展做出突出贡献的,可酌情考虑。

(三) 管理性公司的注册资本不低于200万美元。

第六条(申请材料)

申请认定地区总部,应当向市商务委提交下列材料:

(一) 公司法定代表人签署的申请书;

(二) 母公司法定代表人签署的地区总部基本职能的授权文件;

(三) 公司的批准证书、营业执照及验资报告(均为复印件);

(四) 母公司在中国境内所投资企业的批准证书及营业执照(均为复印件);

（五）母公司法定代表人签署的对拟任地区总部法定代表人的授权文件和拟任地区总部法定代表人的简历及相应的身份证明文件（身份证明为复印件）；

（六）法律、法规和规章要求提供的其他材料。

前款规定未列明提供复印件的，应当提供文件的正本。

第七条（审查）

市商务委应当在收到申请书等材料之日起 10 个工作日内完成审查，并作出认定或者不予认定的决定。予以认定的，颁发认定证书。

第八条（经营、管理和服务活动）

地区总部按照国家和本市有关规定，可以从事下列经营、管理和服务活动：

（一）投资经营决策；

（二）资金运作和财务管理；

（三）研究开发和技术支持；

（四）商品采购、销售及市场营销服务；

（五）供应链管理等物流运作；

（六）本公司集团内部的共享服务及境外公司的服务外包；

（七）员工培训与管理。

地区总部因经营需要在本市设立分支机构的，由有关部门提供审批和登记便利。

第九条（资助和奖励）

新注册的投资性公司和管理性公司经认定为地区总部的，按照有关规定，可以获得开办和租房的资助。

地区总部具有经营管理、资金管理、研发、采购、销售、物流及支持服务等综合性的营运职能，且对经济发展有突出贡献，取得良好效益的，按照有关规定，可以获得奖励。

跨国公司设立亚洲区、亚太区或更大区域总部，符合相关条件的，可以按照有关规定获得资助。

资助和奖励的具体实施办法，由有关部门另行制定。

第十条（资金管理）

地区总部可以建立统一的内部资金管理体制，对自有资金实行统一管理。涉及外汇资金运作的,应当按照有关外汇管理规定执行。符合条件的地区总部可以按照有关规定,参与跨国公司外汇资金集中管理、境外放款等试点业务。

投资性公司可以按照《企业集团财务公司管理办法》,设立财务公司,为其在中国境内的投资企业提供集中财务管理服务。

第十一条(简化出入境手续)

对因商务需要赴香港、澳门、台湾地区或者国外的地区总部的中国籍人员,由有关部门提供出境便利。

地区总部需要多次临时入境的外籍人员,可以申请办理1至5年多次入境有效、每次停留不超过1年的访问签证;需要临时来本市的外籍人员,应当在中国驻外使领馆申请入境签证,时间紧迫的,可以按照国家有关规定,向公安部门申请口岸签证入境。

对需要在本市长期居留的地区总部外籍人员,可以申请办理3至5年有效的外国人居留许可。

地区总部的法定代表人等高级管理人员可以按照《外国人在中国永久居留审批管理办法》,被优先推荐申办《外国人永久居留证》。

第十二条(简化就业许可手续)

地区总部需要在本市就业的外籍人员,可以向市人力资源和社会保障部门申请一并办理外国人《就业许可证》和《就业证》。其中,外籍高级管理人员和高级技术人员可以按照相关规定申请办理《外国专家证》。

第十三条(人才引进)

地区总部及其设立的研发中心引进国内优秀人才的,可以优先办理本市户籍。

第十四条(提供通关便利)

对符合条件的地区总部及其设立的研发中心,海关和出入境检验检疫部门为其进出口货物提供通关便利。

地区总部设立保税物流中心和分拨中心,进行物流整合的,海关、外汇、出入境检验检疫等部门对其采取便利化的监管措施。

第十五条(参照适用)

香港、澳门、台湾地区的投资者在本市设立地区总部的,参照本规定执行。

第十六条(施行日期和有效期)

本规定自发布之日起施行,有效期 5 年。

2008 年 7 月 7 日上海市人民政府发布的《上海市鼓励跨国公司设立地区总部的规定》(沪府发〔2008〕28 号)同时废止。

上海市人民政府办公厅转发市商务委等八部门关于《上海市鼓励跨国公司设立地区总部的规定》实施意见的通知

沪府办发〔2012〕51 号

各区、县人民政府,市政府各委、办、局:

市商务委、市财政局、市人力资源和社会保障局、市公安局出入境管理局、人民银行上海分行、外汇管理局上海市分局、上海海关、上海出入境检验检疫局《关于〈上海市鼓励跨国公司设立地区总部的规定〉的实施意见》已经市政府同意,现转发给你们,请认真按照执行。

上海市人民政府办公厅

2012 年 8 月 8 日

关于《上海市鼓励跨国公司设立地区总部的规定》的实施意见

为更好地贯彻《上海市鼓励跨国公司设立地区总部的规定》(沪府发〔2011〕98 号),落实相关鼓励政策,现制定实施意见如下:

一、资助与奖励

(一)资助与奖励的标准

1. 开办资助。对 2008 年 7 月 7 日以后在本市注册及迁入本市,以投资性公司形式设立地区总部,且员工数在 10 人以上的,给予 500 万元人民币开办资助,自注册或迁入本市的下一年度起,分三年按 40%、30%、30%的比例,发放开办资助资金。

2. 租房资助。对 2008 年 7 月 7 日以后在本市注册及迁入本市,且员工数在 10

人以上的跨国公司地区总部,租赁自用办公用房的,以不超过 1 000 平方米办公面积、每平方米每天不超过 8 元人民币的标准,按租金的 30% 给予三年资助;对购建自用办公用房的,按租房资助的同等标准的三年总额,给予一次性资金资助。

跨国公司地区总部在享受资助期间,不得将自用办公用房出租或转租,不得改变办公用房的用途。违反上述规定出租、转租办公用房或改变办公用房用途的,应退还已经获得的资助。

3. 对跨国公司地区总部的奖励。对本市 2008 年 7 月 7 日以后认定为国家级跨国公司地区总部,且自认定年度起的年营业额首次超过 10 亿元人民币的投资性公司,或 2008 年 7 月 7 日以前认定为国家级跨国公司地区总部,且自 2008 年起年营业额首次超过 10 亿元人民币的投资性公司,给予 1 000 万元人民币的一次性奖励。

对本市 2008 年 7 月 7 日以后认定为管理性公司地区总部,且自认定年度起的年营业额首次超过 5 亿元人民币的,或 2008 年 7 月 7 日以前认定为管理性公司地区总部,且自 2008 年起的年营业额首次超过 5 亿元人民币的,给予 500 万元人民币的一次性奖励。

对本市 2012 年 1 月 1 日以后认定为投资性公司地区总部,且自认定年度起的年营业额首次超过 10 亿元人民币的,或 2012 年 1 月 1 日以前认定的投资性公司地区总部,且自 2012 年起的年营业额首次超过 10 亿元人民币的,给予 500 万元人民币的一次性奖励。

奖励分三年按 40%、30%、30% 的比例发放。

4. 对在沪跨国公司地区总部提升能级的资助。在本市新设立的跨国公司亚洲区、亚太区或更大区域的总部,员工人数不少于 50 人,且母公司任命的法定代表人及与总部职能相关的主要高级管理人员常驻上海工作的,可获得 800 万元人民币的开办资助,分三年按 40%、30%、30% 的比例发放。

已设立的跨国公司地区总部升级为亚洲区、亚太区或更大区域的总部,员工人数不少于 50 人且母公司任命的法定代表人及与总部职能相关的主要高级管理人员常驻上海工作的,可获得 300 万元人民币的一次性资助。

5. 对投资性公司地区总部整合股权的资助。对本市需要重点引进的投资性公司地区总部因其内部股权整合而产生的成本和费用,经市商务委、市财政局和相关部门审定后,给予适当资助。

（二）资金的来源

设立"上海市鼓励跨国公司地区总部发展专项资金"（以下简称"专项资金"），由市、区县两级财政分级负担。

上海市鼓励跨国公司地区总部发展专项资金使用和管理办法由市财政局和市商务委另行制定。

二、资金管理

鼓励投资性公司按《企业集团财务公司管理办法》设立财务公司，为其在中国境内的投资企业提供集中财务管理服务。

便利跨国公司地区总部建立统一的境内资金管理体制，对自有资金实行集中管理。鼓励商业银行根据监管要求，积极为跨国公司地区总部提供所需要的资金清算代理服务。跨国公司地区总部、被控股企业（或被管理企业）与商业银行可签订三方协议，通过在该银行及其分支机构的银行结算账户，统一管理内部资金。商业银行应积极探索适应跨国公司地区总部资金管理要求的中间业务，并加强对业务的管理与控制，建立与该中间业务相适应的监控和报告信息系统，及时、准确、全面反映业务开展与风险状况。

跨国公司地区总部涉及外汇资金运作的，按有关外汇管理规定执行。符合条件的跨国公司地区总部可按规定，参与跨国公司外汇资金集中管理、境外放款等试点业务。有关部门将积极探索进一步便利跨国公司地区总部资金运作的新举措。

充分发挥本币优势，为跨国公司地区总部跨境使用人民币提供方便。开展跨国公司地区总部人民币经常项目下简化业务流程试点。鼓励跨国公司地区总部开展人民币经常项下集中收付业务。支持跨国公司将其人民币境外资金结算中心落户上海。探索跨国公司地区总部实现跨境人民币资金集合管理。

三、人员流动

（一）简化出入境手续

1. 临时入境

设在本市的跨国公司地区总部中需要多次临时入境的外籍人员，可申请一年多次入境有效的访问签证；其中需要多次临时入境的外籍高级管理人员和高科技人才，可申请 2 至 5 年多次入境有效、每次停留不超过一年的访问签证。

2. 长期居留

（1）跨国公司地区总部法定代表人、总经理、副总经理、财务总监可办理有效期 5 年的外国人居留许可；部门经理可办理有效期 4 年的外国人居留许可；一般外籍员工可办理有效期 3 年的外国人居留许可。

跨国公司地区总部所属注册资金达到 300 万美元以上企业的法定代表人、总经理、副总经理、财务总监可办理有效期 5 年的外国人居留许可；部门经理可办理有效期 3 年的外国人居留许可。

（2）上述外籍人员的外籍配偶、父母及不满 18 周岁的子女，可申请与上述人员相同期限的外国人居留许可。

3. 永久居留

在沪跨国公司地区总部的法定代表人等高级管理人员，可按《外国人在中国永久居留审批管理办法》，优先申办《外国人永久居留证》。

4. 居住证 B 证

被跨国公司地区总部聘用的具有本科以上学历或者特殊才能的入外籍的留学人员，持中国护照但无中国户籍的留学人员和其他专业人才，香港、澳门特别行政区专业人才，台湾地区专业人才和外国专业人才及其配偶和未满 18 周岁或高中在读的子女等偕行人员，可优先申办《上海市居住证》（B 证）。

5. 紧急情况下来沪

对在沪跨国公司地区总部，可直接给予口岸签证商务备案单位资格。其邀请的临时来沪外籍人员如因紧急事由未及时在我驻外使领馆申办签证的，可按规定向市公安局出入境管理局口岸签证部门申请口岸签证。

6. 办理健康证明

出入境检验检疫部门为跨国公司地区总部法定代表人以及与总部职能相关的高级管理人员办理健康证明提供绿色通道。

7. 赴香港、澳门

因商务需要赴香港、澳门的跨国公司地区总部中的中国籍员工，可申办多次出入境有效的《往来港澳通行证》。

8. 赴台湾

因商务需要赴台湾的跨国公司地区总部中的中国籍员工，如提供入台旅行证件和国务院台办批件,可优先办理《大陆居民往来台湾通行证》。

9. 出国

因商务需要出国的跨国公司地区总部中的上海户籍员工,可凭本市户口簿、身份证申办护照;因商务需要出国的跨国公司地区总部中的外省市员工,可持《上海市居住证》(人才引进类),按规定向市公安局出入境管理局申办护照。

(二) 简化外籍人员就业许可手续

在沪跨国公司地区总部的外籍人员持 L、F、X 字签证入境,如在本市就业,可由跨国公司地区总部向市人力资源社会保障局申请一并办理外国人就业许可和《外国人就业证》。其中,外籍高级管理人员和高级技术人员可向市人力资源社会保障局(市外国专家局)申办《外国专家证》。

(三) 方便国内优秀人才的引进

人力资源主管部门和公安部门对在沪跨国公司地区总部引进的外省市员工办理《上海市居住证》提供便利。

在沪跨国公司地区总部及地区总部投资设立的具有独立法人资格的研发中心引进的符合条件的外省市优秀人才,可按《上海市引进人才申办本市常住户口试行办法》,办理本市户籍。

四、提供通关便利

对符合条件的跨国公司地区总部及地区总部投资设立的具有独立法人资格的研发中心,海关和出入境检验检疫部门对其进出口货物提供通关便利,并逐步扩大企业进口研发自用生物材料的检验检疫改革试点范围。

鼓励跨国公司设立物流分拨中心,以促进跨国公司集团内部企业的物流整合。符合条件的跨国公司地区总部可办理通关预归类和预审价手续。A 类以上资信等级的跨国公司地区总部可为其在沪下属子公司的进口货物(除进出特殊监管区域外)集中向总部所在地主管海关报关,并可依申请向出入境检验检疫部门集中报检。出入境检验检疫部门对跨国公司地区总部凭申请优先办理报检资质审批,优先考虑提升信用及分类管理等级。海关、外汇管理、出入境检验检疫等部门将根据跨国公司地区总部物流运作模式的最新发展和需求,不断创新监管模式,探索便利化措施,以适应跨国公司地区总部业务的发展。

本实施意见自印发之日起施行,有效期至 2017 年 6 月 30 日。

2008 年 11 月 15 日印发的《关于〈上海市鼓励跨国公司设立地区总部的规定〉若干实施意见》(沪府办发〔2008〕28 号)同时废止。

上海市商务委员会

上海市财政局

上海市人力资源和社会保障局

上海市公安局出入境管理局

中国人民银行上海分行

国家外汇管理局上海市分局

上海海关

上海出入境检验检疫局

2012 年 7 月 28 日

上海市商务委员会、上海市人力资源和社会保障局、上海市公安局出入境管理局、上海出入境检验检疫局关于印发《关于鼓励跨国公司设立地区总部规定实施意见的补充规定》的函

(沪商外资〔2014〕348 号)

各区县人民政府:

为了进一步扩大对外开放,完善总部经济发展环境,鼓励跨国公司在本市设立总部型机构,根据《上海市鼓励跨国公司设立地区总部的规定》(沪府发〔2011〕98号)及《关于〈上海市鼓励跨国公司设立地区总部的规定〉的实施意见》(沪府办发〔2012〕51号)精神,我们制定了《关于鼓励跨国公司设立地区总部规定实施意见的补充规定》,现印发给你们,请遵照执行。

上海市商务委员会

上海市人力资源和社会保障局

上海市公安局出入境管理局

上海出入境检验检疫局

关于鼓励跨国公司设立地区总部规定实施意见的补充规定

为了进一步完善总部经济发展环境,鼓励跨国公司在本市设立总部型机构,集聚实体业务,拓展功能,现就 2012 年 7 月 28 日上海市人民政府办公厅发布的《关于〈上海市鼓励跨国公司设立地区总部的规定〉的实施意见》(沪府办发〔2012〕51号,以下简称实施意见)作如下补充规定:

一、跨国公司总部型机构

本补充规定所指的跨国公司总部型机构(以下简称"总部型机构")是指虽未达到跨国公司总部标准,但实际承担跨国公司在一个国家以上区域内的管理决策、资金管理、采购、销售、物流、结算、研发、培训等支持服务中多项职能,且同时满足下列条件的外商独资企业(含分支机构):

1. 跨国公司的资产总额不低于 2 亿美元,并在中国境内已投资设立不少于 3 家外商投资企业,其中至少 1 家注册在上海;

2. 跨国公司区域业务总负责人及负责相应职能的高级管理人员长驻上海工作;

3. 总部型机构经营场地面积达 500 平方米以上,且履行总部运营管理职能的员工达 50 名以上。

二、总部型机构的认定与管理

(一)管理部门

市商务委负责总部型机构的认定工作,并协调有关部门开展对总部型机构的管理和服务。

(二)申报材料

申请认定总部型机构,应当向市商务委提交下列材料:

1. 公司法定代表人签署的申请书;

2. 母公司法定代表人签署的总部型机构基本职能的授权文件;

3. 公司的批准证书、营业执照及验资报告(均为复印件)。总部型机构为分支机构的,还需提供上海分公司营业执照(复印件);

4. 母公司近一年度审计报告;

5. 母公司在中国境内所投资企业的批准证书及营业执照(均为复印件);

6. 母公司法定代表人签署的区域业务总负责人及主管运营的高管的任命书、

简历及相应的身份证明和就业证明文件(身份证明为复印件);

7. 公司经营场地取得证明,自有房产需要提供房地产权证(复印件)。以租赁方式取得的,需提供租赁合同和出租方房地产权证(复印件);

8. 公司从事运营管理职能的员工名单;

9. 法律、法规和规章要求提供的其他材料。

前款规定未列明提供复印件的,应当提供文件的正本。

(三)审核

市商务委将审核通过的公司列入"跨国公司总部型机构名单",并定期反馈至市人力资源和社会保障局、市公安局出入境管理局、上海出入境检验检疫局。

市商务委负责对总部型机构进行复审,复审办法另行制定。

三、鼓励政策

(一)出入境

1. 临时入境

设在本市的总部型机构需要多次临时入境的外籍员工,可申请入境有效期不超过1年,停留期不超过180日的多次签证。

2. 长期居留

(1)总部型机构法定代表人(负责人)、总经理、副总经理、财务总监可办理有效期5年的外国人居留许可;部门经理可办理有效期4年的外国人居留许可;一般外籍员工可办理有效期3年的外国人居留许可。

总部型机构所属注册资本达到300万美元以上企业的法定代表人、总经理、副总经理、财务总监可办理有效期5年的外国人居留许可;部门经理可办理有效期3年的外国人居留许可。

(2)上述外籍人员的外籍配偶、父母及不满18周岁的子女,可申请与上述人员相同期限的外国人居留许可。

3. 永久居留

总部型机构的法定代表人等高级管理人员,可按《外国人在中国永久居留审批管理办法》,优先推荐申办《外国人永久居留证》。

4. 海外人才居住证

被总部型机构聘用的具有本科及以上学历(学位)或者特殊才能的,在上海工作的入外籍的留学人员,持中国护照、拥有国外永久(长期)居留权且无中国户籍的留学人员和其他专业人才,香港、澳门特别行政区专业人才,台湾地区专业人才,外国专家及其他外国高层次专业人才及其配偶和未满 18 周岁或高中在读的子女等偕行人员,可优先申办《上海市海外人才居住证》。

5. 紧急情况下来沪

对总部型机构,可直接给予口岸签证商务备案单位资格。其邀请的临时来沪外籍人员如因紧急事由未及时在我驻外使领馆申办签证的,可按规定向市公安局出入境管理局口岸签证部门申请口岸签证。

6. 办理健康证明

出入境检验检疫部门为总部型机构法定代表人以及与总部职能相关的高级管理人员办理健康证明提供绿色通道。

7. 赴香港、澳门

总部型机构的中国籍员工因商务需要赴香港、澳门的,经企业港澳商务备案,可申办《往来港澳通行证》及多次出入境有效的商务签注。

8. 赴台湾

总部型机构的中国籍员工因商务需要赴台湾的,如提供国务院台湾事务办公室签发的"赴台批件"或市政府台湾事务办公室签发的"立项批复"并提供有效的入台旅行证件,可按规定办理《大陆居民往来台湾通行证》及相关签注,并享受绿色通道服务。

9. 出国

总部型机构的中国籍员工因商务需要出国的,可按规定在本市申办护照,并享受绿色通道服务。

（二）外籍人员就业许可

总部型机构的外籍人员在本市就业的,可按有关规定向市人力资源社会保障局申办有效期 2 年至 5 年的《外国人就业证》,其中,外籍高级管理人员和高级技术人员可向市人力资源社会保障局(市外国专家局)申办《外国专家证》。

（三）国内优秀人才引进

人力资源主管部门和公安部门对总部型机构引进的外省市员工办理《上海市居住证》提供便利。

总部型机构引进的符合条件的外省市优秀人才,可按《上海市引进人才申办本市常住户口试行办法》,办理本市户籍。

四、本补充规定自印发之日起施行,有效期至 2017 年 6 月 30 日。

上海市商务委员会

上海市人力资源和社会保障局

上海市公安局出入境管理局

上海出入境检验检疫局

附录 2

2003—2012 年上海制造业的要素密集度的划分象限图

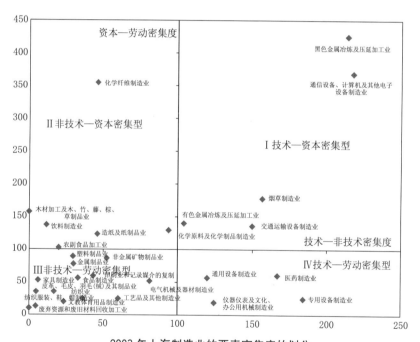

2003 年上海制造业的要素密集度的划分

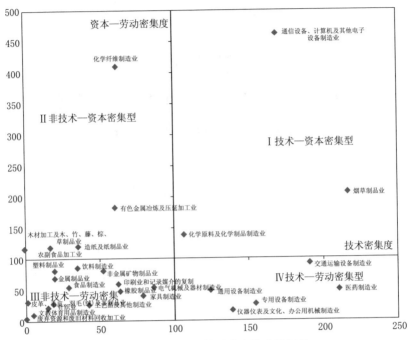

2004 年上海制造业的要素密集度的划分

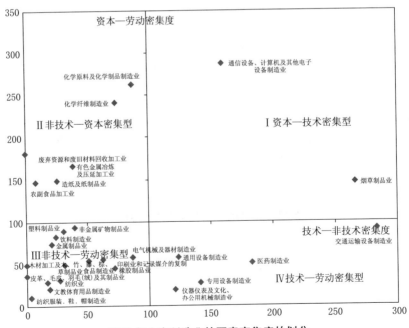

2005 年上海制造业的要素密集度的划分

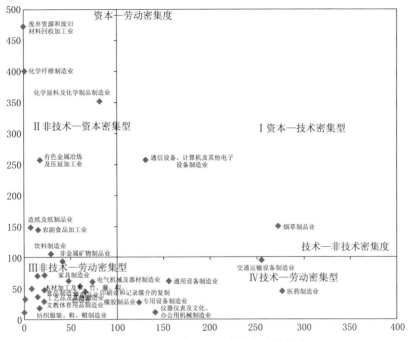

2006 年上海制造业的要素密集度的划分

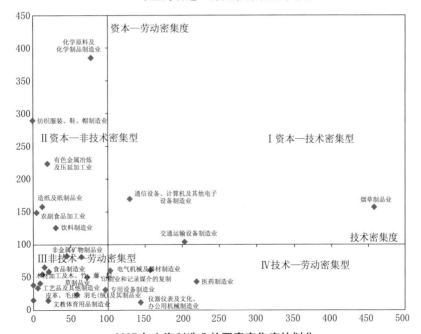

2007 年上海制造业的要素密集度的划分

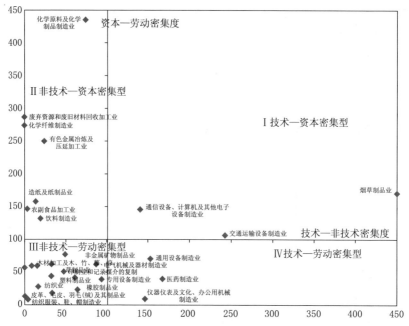

2008 年上海制造业的要素密集度的划分

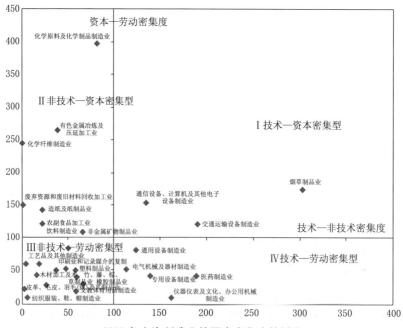

2009 年上海制造业的要素密集度的划分

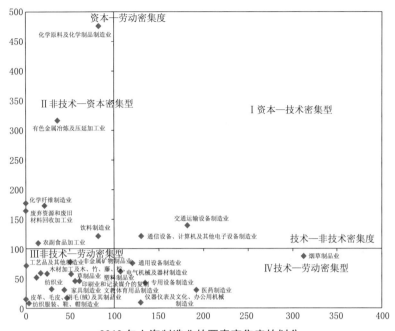

2010 年上海制造业的要素密集度的划分

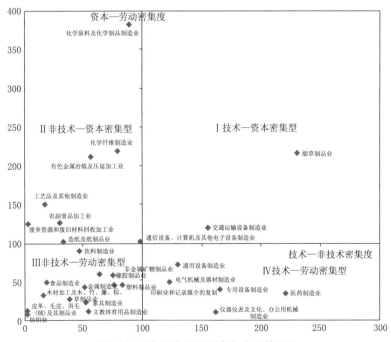

2011 年上海制造业的要素密集度的划分

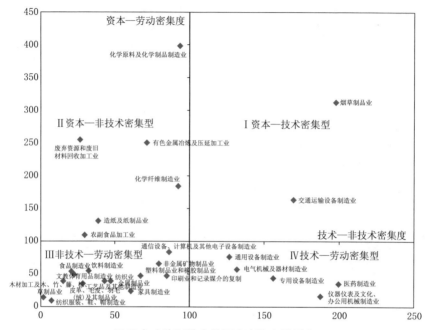

2012 年上海制造业的要素密集度的划分

后　记

　　本书从总部经济与产业转型升级互融共生的角度探讨了上海经济转型升级之道。上海作为中国的全球城市要成为世界经济舞台上的佼佼者,需要一批掌控核心要素、具备价值链治理能力、资源整合能力强的本土总部企业的支撑,由这些总部企业形成的总部经济生态系统将对上海产业的转型升级起到重要的引领作用。总部经济的发展不仅仅是引进跨国公司总部数量的增长,更为重要的是要创造条件充分发挥总部经济的溢出效应,让本土和外资总部企业在打造富有竞争力的产业体系中起到中流砥柱的作用,丰富上海作为全球城市的内涵。总部经济的发展对市场机制以及制度环境有着更高的需求,而中国(上海)自由贸易试验区的设立无疑为上海的制度创新提供了难得的机遇,在准入、投资、贸易、金融方面的改革将在很大程度上放松对总部经济的束缚,为上海总部经济的发展以及产业的转型升级注入新的活力与动力。

　　本书的成稿获得了上海财经大学中国(上海)自由贸易试验区协同创新中心的大力支持,亦受上海市哲学社会科学规划课题中青年课题的资助,在此表示感谢。此外,作者之前供职的上海财经大学 500 强企业研究中心提供了很好的平台,使我能够潜心进行总部经济的研究,深表谢意。也要感谢上海高校智库中国产业发展研究院的大力支持。

　　在书稿的撰写过程中,我还要特别感谢我的爱人季红女士,她对我的学术研究给予了我很大的鼓励与支持,是我完成此书稿的重要动力。感谢我的父母、妹妹对我多年求学的大力支持,感谢他们的宽容。

图书在版编目(CIP)数据

总部经济与上海产业转型升级的对接研究/余典范
著.—上海:格致出版社:上海人民出版社,2015
(自贸区研究系列)
ISBN 978 - 7 - 5432 - 2540 - 4

Ⅰ.①总…　Ⅱ.①余…　Ⅲ.①企业经济-经济发展-
研究-上海市　Ⅳ.①F279.275.1

中国版本图书馆 CIP 数据核字(2015)第 197363 号

责任编辑　程　倩
装帧设计　路　静

自贸区研究系列

总部经济与上海产业转型升级的对接研究

余典范　著

出　版	世纪出版股份有限公司　格致出版社	印　刷	苏州望电印刷有限公司
	世纪出版集团　上海人民出版社	开　本	787×1092　1/16
	(200001　上海福建中路193号　www.ewen.co)	印　张	14
		插　页	3
	编辑部热线　021-63914988	字　数	223,000
	市场部热线　021-63914081	版　次	2015年9月第1版
	www.hibooks.cn		
发　行	上海世纪出版股份有限公司发行中心	印　次	2015年9月第1次印刷

ISBN 978 - 7 - 5432 - 2540 - 4/F · 861　　　　　　　　　　　　定价:42.00 元